ナポレオンと神

＊

竹下節子

Setsuko TAKESHITA Napoléon – Naufrage d'un homme providentiel

青土社

ナポレオンと神　目次

第3部　ナポレオンの聖蹟

ナポレオンと神

はじめに

ナポレオンは一つの宇宙のように大きい。

ナポレオンにまつわる言説は膨張する宇宙のようでもある。ひとりの人間についてこれほどの情熱をもってさまざまな物語が織りなされてきた様子は、まるでイエス・キリストについての物語のようだ。けれども、ナポレオンに関する既存の膨大な歴史書、研究書、伝記、エッセイの中で、ナポレオンとイエス・キリストの関係を語ったものはほとんど存在しない。その理由はいくつかある。

まずナポレオンが「戦争の英雄」であり、それゆえに極めて政治的な存在であったからだ。そして、ナポレオンが登場したのが、宗教改革を経た後の啓蒙の世紀のヨーロッパであり、革命がキリスト教の神と教会を追放した後のフランスであったからである。

共和国となったフランスはローマ教会に牛耳られていたキリスト教の神を捨て、「理性の女神」をたてる理神論を経て過激な無神論にまで到達した。それが一九〇五年の政教分離法に結実したが、その後も「共和国」と「宗教権威」との共生の仕方は様々な形で模索され、進化していった。その過程で、中央集権的な共和国の教育システムの中で知識人を輩出する国立大学とグランゼコールが、「インテリ＝左派＝無神論者」というステレオタイプを大量に生み出したので、神学やカトリック教会やイエス・キリストを歴史研究の視点に据えたり補助線にしたりする試みがなされなくなったのである。

二一世紀になってようやくナポレオン研究の傍系として、カトリックであり続けた母親の伝記やローマ教皇ピウス七世との接触についての研究や企画展が現われるようになった。けれども「ナポレオンと神」に焦点を当てた研究は見当たらない。

私が最初にこの視点を持ったのは、セント・ヘレナ島でのナポレオンの遺体発掘の詳細な記録資料を読んだ時だった。それがあまりにもカトリック教会が福者や聖人の認定調査をする時のやり方と似ていて、遺骸や遺品やゆかりの品に向ける人々の熱い視線も全く同じだった。パロディの域をあきらかに超えている。これだけの潜在的な「列聖」願望があり、フランスのヒロインである戦士ジャンヌ・ダルクが死後四五〇年も経ってからカトリック教会に列聖されてフランスの守護聖女となった例もあるのに、どうしてナポレオンを「聖人」にしようという運動はなかったのだろう、と疑問を持った時から、フランスとヨーロッパにおける政治と軍事力と宗教のおりなすタブーの複雑さが少しずつ見えてきたのだった。

しかしナポレオンに関する資料は膨大である。特にナポレオン戦争についての叙述は増大するばかりで、フランスでは今もナポレオンに特化した月刊雑誌が途切れることなく続いているほどだ。ナポレオン・マニアの裾野の広さにも圧倒された。けれども、二一世紀になり、少なくともフランスにおける一八、一九世紀のナポレオン関係の文献が国立文書館や国立図書館のサイトでほぼ全部閲覧できるようになり、ナポレオン自身の書簡も読めるようになって、「ナポレオンと神」の関係にどうアクセスすればいいかの方法が見えてきた。膨大な言説の中から何を恣意的に選択するかではなくて、何を捨てていくかということがはっきりしてきた。神を定義するときに「神は…ではない」と語る否定神学の方法も連想した。多くのマニアを魅了する戦歴や戦略については書かない、先行するフランス革命やその後に現われたナポレオン三世の時代についても書かない、家族との確執やナポレオンをめぐる女性たちについても書かない、などという基本方針ができた。

こうして『ナポレオンと神』は、その前にジャンヌ・ダルクについて連載して単行本も出していただいた白水社の月刊誌『ふらんす』に連載されることになった。その間に、ナポレオンと神の関係を通して近代ヨーロッパの激動の時期を語ることの今日的な意味はどんどん大きくなっていった。日本の近代における国家神道の成立、廃仏毀釈と軍国主義、戦後の新宗教の勃興や、カルト宗教によるテロ、冷戦後の国における宗教と民族の対立による内戦、そして今や欧米諸国が堂々と宣戦布告するイスラム過激派によるテロリズムの脅威、神の名や聖戦の名のもとに行われる洗脳と武力闘争、「自由と解放をもたらす民主主義」の名のもとに行われる軍事介入や空爆や経済封鎖、互いの腹を探り合いながら目まぐるしく変わる欧米諸国とエジプトやトルコの関係、中東の国々との駆け引き、その様相の根っこには、一九世紀初頭のナポレオンをめぐる混迷とまったく同じものがある。

聖性と権力を希求する意思と欲望と誇大妄想が、ある時は戦士として、ある時はテロの被害者として、ある時は殉教者として人々を日々死に追いやる。このような世界のただ中にあって神や聖性への感受性を失ったり無関心であったりするならば、国際社会に向かって発すべき言葉はことごとく空疎になってしまう。

けれども、神も、聖性も、霊性も、都合よくアレンジして旗印に掲げるためのアイテムなどではない。もはや終わってしまったものとして中世の歴史に置き去りにしたり「非文明国」に閉じ込めておいたりできるコンテンツでもない。

神も、聖性も、霊性も、本来は、ばらばらの個人や排他的な共同体を結びつける普遍性を夢見た英雄たちの生きたプロジェクトだった。多くのプロジェクトが道半ばにして頓挫したり、意味を喪失したり、間違いが明らかになったり、時と場所に適合しなかったりして消えていった。先行するそれらのプロジェクトを取捨し吟味するためには、視座とスキルが必要だ。古来、神を利用したり神の名を騙ったり神のふりをしたり神だと崇められたりした無数の権力者たちがいる中で、地中海の島に生まれて大陸に渡り「神になろう」としたナポレオンは、神と聖性と霊性を研究し尽くして一大プロジェクトを立ち上げた。

彼の生涯をたどる人々が必ずといっていいほど心揺さぶられるのは、そのプロジェクトの先にあった何かに「見覚え」があるからかもしれない。見覚えのあるその何かの正体を探ろうとして、この本は書かれた。「ナポレオンと神」の関係性が開いてくれる扉の先には、一体何が見えてくるのだろう。

第1部　ナポレオンと神——創造者か支配者か

1. ヨーロッパ精神世界のナポレオン

世界精神とナポレオン

フランス史の人物で突出して取り上げられるのはジャンヌ・ダルク、ルイ一四世とナポレオンの三人だ。けれども、彼らと時代を共有した偉大な人物によって国や歴史を超えるような評価を受けたのはナポレオンだけだろう。

一八〇六年、プロイセンとの戦いに勝ってイエナに入城したナポレオンに遭遇したヘーゲルが、「世界精神」が馬に乗って来た姿だと形容したことはあまりにも有名だ。ヘーゲルはナポレオンの中に、自己実現がそのまま人類の歴史的発展の実現になるような人間を見出した。「歴史の中に内在する理性」という理論を組み立てていたヘーゲルにとってナポレオンの雄姿は、歴史が近代国家へと止揚する弁証法的プロセスが無意識に体現されたものだったのだ。ヘーゲル三六歳、ナポレオン三七歳の年である。

一八〇八年一〇月二日ザクセンのエルフルトで、三九歳のナポレオンと会見した五九歳のゲーテは、「断固としてたじろがず、常に何をなすべきかをはっきりとわきまえている」ナポレオンの放つオーラに圧倒された。座って朝食をとっているナポレオンの前に大詩人は恐怖と緊張を持って立った。没落したナポレオンが一八二一年に流刑地で客死してから八年も経った後でも、ナポレオンの偉大さについてエッカーマンに何度も言及し、「ナポレオンの人生は戦いから戦いへ勝利から勝利へと進む半神の歩みだ。彼はまさに永遠の光に照らされていた。だからこそ彼の運命は後にも先にもあり得ないような輝きを放っているのだ」と述べた。

ナポレオンより三〇年遅れて生まれたロマン派の大作家バルザックは、ナポレオンの姪と文通していた。ナポレオン戦争についての大作を構想し、『人間喜劇』の各所にちりばめた。『田舎医師』の中では、ナポレオン軍の元兵士がドーフィネの村にやってきてナポレオンの雄姿を憑かれたように語り伝える。キリストが水の上を歩いたようにナポレオンは歴史の上を歩いた。鐘楼から鐘楼へと飛び回る鷲（ナポレオン）は神の意志を運び伝える神話の鳥だ。元兵士はまるで聖書のページを繰るように思い出を繰り出して語り、「ナポレオン教」を伝道する。

ハンスカ夫人への手紙（一八三四／五／一〇）の中では自らを「私はナポレオンと同種で少し劣化した三本角のデモンです」と形容した。その一〇年後には、ナポレオン、キュヴィエ、オコンネルに続いて四人目の「広大無辺の人生を生きた」人間でありたい、と書いている。

ナポレオンはヨーロッパを生き、軍隊の化身となり、キュヴィエ（古生物学と地学の先駆者）は地球を伴侶とし、オコンネル（アイルランド独立の功労者）は民族を体現した、自分も一つの社会全体を作品

Napoléon − divin

に仕上げたからだ。ナポレオンが剣で始めたものを自分はペンで成し遂げるだろう。

王党派だったシャトーブリアンも、父がナポレオンから功労賞を与えられた将軍だったユゴーも、文学者としてのそれぞれの道程においてナポレオンに多大な影響を受けた。ナポレオンが「冬将軍」の前に敗退したロシアでも同様だ。ドストエフスキーの『罪と罰』の中で老婆を殺すラスコーリニコフはポケットの中にナポレオンの回想記をしのばせていた。殺人の動機について「実はこうなんだよ、おれはナポレオンになろうとしたんだ。人を殺したのもそのためなんだ、(…)かりにだよ、ナポレオンが偶然おれの立場におかれたとしたら」などと語っている。

古典時代のヨーロッパ文学に霊感を与えてきたものが聖書とホメーロスだとしたら、ロマン派文学の最大のインスピレーション源となったのは「ナポレオン」だったのである。

ナポレオンが変えたもの

このように自国や他国の哲学者や詩人や作家たちから、時代や地域を超える無辺な存在として認められたナポレオンは、啓蒙時代と近代革命を経て「神」が死につつあったヨーロッパ社会において、精神世界を根本的に変革したと言っていい。

歴史において価値観の大きな転換が起こる時には、時代のシンボルとなるような「英雄」が生まれて民衆の心に神話のように刻まれて残るということは少なくない。けれども、ナポレオンのように、名もない一般民衆からも熱烈に崇められた上に知識人、思想家をも熱狂させた人間はいない。そのような英雄を前にして、瀕死の神の権威を引きずっていたヨーロッパの「非共和国」の王たちは慌てざるを得なかった。王たちの敗北は、神から王権を授けられていたはずの彼らの驕りに対する「神罰」のようにも見えたからである。

ナポレオンが栄光の階段を駆け上ったのも、転落したのも、個人の力量や国同士の権力闘争では説明できない「超自然的」なものを人々に感じさせた。栄光のナポレオンに「世界精神」を見た人たちにとっては、彼の没落もまた「神話の続き」に過ぎなかった。

フランス本土ではなくフランスに帰属してからの歴史も浅かったコルシカ島からやってきて、またたくまに「皇帝」となったナポレオンは、遠く離れた英領の孤島セント・ヘレナで囚われの身として最期の日々を過ごした。無名の流れ者に等しかった若きナポレオンにヨーロッパを征服されたことを神罰であるかのように恐れた王たちは、ナポレオンの没落とともに、「復活」した。しかし、いったん「神罰」によって滅ぼされた王たちには再び「王権神授」のオーラをまとうことが困難だった。

王たちにかつて「王権」を授けていたキリスト教の神から派生していた価値観や世界観が、ナポレオンによってことごとく覆されていたからである。

ナポレオンは、キリスト教の伝統的価値であった謙遜、自己犠牲、禁欲から、自己糾弾（良心の呵責）、教条主義、呪術的心性、韜晦、社会救済、神の前の平等主義までを一掃したかに見えた。

人間の残酷さも見据えた上で具体的な未来像を描くこと、プラグマティックなリアリズムを行動の指針として掲げること、それに伴う「地上的」事象の重要視、直感に従って情熱をもって行動すること、恐れや罪悪感なしに将来を考えること、「力の意思」を信じること、自己肯定と自己信頼に立脚した個人主義とエゴイズム、勇気と正直と誠実を最高の徳として成果を評価することなど、ナポレオンが明確に導入した考え方は、それ以降の「西洋近代」とそれを採用した世界中の近代国家の新しいスタンダードとなったといえるだろう。一千年以上も続いたヨーロッパのキリスト教という唯一の物差しはすでに革命によっていったん退けられていたが、フランス革命はそれに代わる確固とした理念を創造することはできなかった。それはまさにニーチェの言う「超人」によってのみ可能なことだったのだ。

復活した王たちには、もう過去のものとなった「神」の権威を盾にすることはできなかった。そこで彼らの採った戦略は、自らが神々であるかのようにふるまうことだった。それでは、彼らにとって悪夢のようであったナポレオンはどう位置づければいいのか。答えは「プロメテウス」である。ナポレオンは神々に挑戦して敗れた。ゼウスに逆らって火を奪い人間に与えたプロメテウスのように罰せられなければいけない。セント・ヘレナ島とは、プロメテウスが裸で磔にされて毎日ハゲタカに肝臓を食われ続けた山頂の岩なのだ。ナポレオンがこの「役割」とシチュエーションをバネとして新しい神話を打ち立てることになるとは、王たちも気づいていなかった。

プロメテウスから分けられた火を使えるようになった人間がそれを手放すことなく文明を築き上げたように、ナポレオンが植えつけた「近代の意思」も、人々の間で二度と途絶えることがなかったのだ。神々の権威を取り戻したかに思われた王たちも、ナポレオン以降の世界では二度とほんとうの神として民衆の上に君臨することはできなかった。王たちは戦略を誤ったのである。

岩にはり付けられて責苦を味わうプロメテウスと、十字架にはり付けられて窒息死させられたイエス・キリスト。王たちにとって皮肉なことに、ナポレオンは、ヨーロッパの心性の両輪であるギリシア・ローマ文化とユダヤ・キリスト教文化というふたつの根底に横たわるふたつの犠牲の原型に重ねられることになったのだ。

ナポレオンはクリエーターである

それを一番自覚していたのもまたナポレオン自身であった。セント・ヘレナでの六年間はナポレオンの最後の戦いだった。俗世での最高の地位から降りなければならなかったナポレオンは、新しい神

ダヴィッド「ボナパルト将軍」1797-98 頃

話を書こうと決心した。

その基本ラインは「殉教者」である。プロメテウスは永劫の苦しみを運命づけられたが、キリストなら三日で復活して神となる。実際、「キリストは十字架上で死ななかったとしたら神にはならなかった」と自覚し、流刑地での自らの立場を十字架上のキリストに喩えた。過去の栄光を思わせるような服装を避けて一退役軍人の姿を貫いた。

「不平を言うことは私のキャラクターにふさわしくない、私は命令するか、もしくは沈黙するかである」という有名な言葉を残した元皇帝は、もはや命令する立場に復帰することが不可能だと明らかになったセント・ヘレナ島では、ハドソン・ローというウェリントンからさえ蔑まれたイギリス人の総督から屈辱的な扱いを受けた。

しかしナポレオンは、沈黙を選ばなかった。だからといって不平不満の言辞を垂れ流すこともももちろんせず、「殉教聖人」の言葉を紡ぐことにした。いや、新しい神としての「福音書」を人々が後世に伝えるように計算されつくした自分語りを始めた。後世どころか、通信手段や交通手段の限られた当時としてはまさに絶海の孤島に隔離されていたはずのナポレオンの消息や言葉は、驚くべき速さでヨーロッパに伝わっている。秘書も部下も召使も、医師も、女たちも、ナポレオンのそばにいた者たちは、みな自分たちの証言や聞き書きが万金に値することを心得ていた。ナポレオンの常住坐臥、片言隻句が、歴史学に寄与する資料となるだけではなく、ジャーナリスティックにも広大な市場を有する「商品」となることをすべての人が理解し、予測した。それを一番よく心得ていたのはナポレオンその人だった。

エジプト遠征の折に携えていった書物のリストの「政治」の項目に、新旧約聖書とコーランがあったことはよく知られている。フランス革命がカトリック教会を否定し、日曜の礼拝を人々から奪った結果を、ナポレオンは観察していた。

大衆の人気と信頼を得る最も効果的な手段が、宗教とその儀式を大衆とともに共に尊重し共有することであるとナポレオンは心得ていた。日曜ごとに教会に現われてミサの時間にだけ自分の姿を大衆の目に触れさせること、しかし一般会衆を見おろす席に着くことは、ポピュリズムと権威づけのどちらにも有効だった。

ナポレオンが知り尽くしていたのは宗教や神学ではない。人間の弱点であり、それに由来する神と人間の関係性である。連戦連勝の進軍を重ねた時代にも「軍神」として崇められたし、皇帝として君臨した時にも、さまざまな「聖性」の演出をして自分の権威を神の権威のように高めることに成功した。それは彼の優れたプラグマティックな感性に基づくマネージメントの能力の一つの表れでもある。

けれどもそれだけではない。そのようなマネージメントの能力とは本来なら両立しないような、ある種の「憑依能力」をナポレオンは持っていた。自分自身に人々が仮託した夢に対する憑依能力である。芸術家は、教祖は、霊媒は、アイドルは、成功するために有能なマネージャーを必要とする。ナポレオンの天才はその両者を体現していたことだ。これまで数多くの歴史家や思想家によってなされたナポレオンと神や宗教の関係についての考察には、それが欠けている。霊的なクリエーターとしてのナポレオン像を明らかにすることは刺激的だ。

2. ナポレオンとローマ教皇

ノートルダム大聖堂での戴冠式

一八〇四年一二月二日、パリの司教座聖堂であるノートルダム大聖堂で、ローマ教皇ピウス一三世の祝別を受けて、ナポレオン・ボナパルトはフランス皇帝となった。

フランス革命前の歴代のフランス王が王権を「神授」される場所は、パリより北東一四五キロばかり離れたランスにあるノートルダム大聖堂だとほぼ決まっていた。英仏百年戦争でイギリス王がフランス王を兼ねるとされた時代にも、ヘンリー六世がパリのノートルダムで戴冠したのに対して、その二年も前にジャンヌ・ダルクに促されたシャルル七世がランスのノートルダムで「聖油」を塗布されて戴冠した事実が結局「正統性」を獲得することになった。ランスで使われる聖油は、五世紀の終わりにフランスを統一したクローヴィスの戴冠の時に白鳩が咥えて飛んできた容器に入っていたとされる伝説の香油だ。

「油を注がれる」というのは、旧約聖書で主のお告げを聴いた預言者サムエルによって頭に油を注がれた最初の王サウル以来の伝統で、国と宗教の両方を守る役割を与えられたとされている。「救世主《メシア》」とはもともと「注油された者」の意でもある。歴代のフランス王はこの形にこだわり、「聖油」は減ることがなく、注油を受けた王たちはキリストのように按手《あんしゅ》によって病者に「癒し」を施す能力を付与されるのだと言われていた。

しかしその「聖油」はフランス革命と共に「国有化」されることとなり、一七九三年にその没収の決定を知らされた司祭は容器の中身をすり替えたと言われている。聖油が再び現われたのはナポレオン没落後の王政復古の時代であるから、ナポレオンには当然ランスで戴冠する理由がない。しかしフランスには、もう一つの権威の前例がある。それはヨーロッパの中心部を征服し八〇〇年にローマで時の教皇レオ三世から「神聖ローマ皇帝」として戴冠を受けたシャルルマーニュだ。西ローマ帝国では四七六年以来途絶えていた称号だった。シャルルマーニュの死後に帝国は分裂して、神聖ローマ皇帝の称号はドイツの領邦国の選挙侯たちに受け継がれることになり、フランスの手を離れていた。

国王を倒したフランス革命の継承者であるナポレオンが、「王」としての権威を「聖油」に求める代わりに、「皇帝」としての権威を「ローマ教皇」による祝別に求めようとしたのは当然の成り行きだった。

けれども、フランス革命は王権のための「聖油」瓶だけでなく、ローマ教皇庁との関係までもすでに叩き壊してしまっていた。破壊が最初に起こったのはもちろんパリである。一七九二年夏以降、聖職者服の着用禁止、宗教行事の禁止、武器製造に使う教会内のブロンズ徴収などがはじまっていた。

やがて、それまでカトリックの典礼と強く結びついていた西暦を廃して革命暦が採用されると共に急進的な「非キリスト教化政策」が正式に採用された。

修道院や教会は没収され、聖画や十字架が破壊され、独身制の修道者と修道女が無理に結婚させられたり、共和国に忠誠を誓う市民憲章への署名を拒否した聖職者が殺されたり追放されたりした。

しかし、地方では、教区司祭たちは農民たちの生活における冠婚葬祭を一手に司る大切な存在だったので、革命による強制的な排除は人々の受け入れられるものではなかった。

フェッシュ枢機卿

ナポレオンの生まれたコルシカ島となると、「非キリスト教化」の嵐は遠くナポレオンもイタリア的感性のカトリック風土で育っていた。アジャクシオの副司教であるルシアン・ボナパルトはナポレオンの大おじに当たり、この人が、母の異父弟でありナポレオンより六歳だけ上のジョゼフ・フェッシュにフランス本土の神学校に行く学資を提供した。フェッシュは革命勃発後に僧服を捨てビジネスで成功して財をなしたが、一八〇〇年に聖職に復帰した。

一八〇一年にローマと和親条約《コンコルダ》を結んだ後で、ナポレオンはフェッシュをリヨンの大司教に任命した。さらにガリア教会の首長にした上で教皇に推薦し、再建されたフランスのカトリック教会最初の枢機卿の称号を獲得させることに成功した。一八〇四年に教皇の権威を利用して皇帝の地位に登りつめるまでには、コルシカの人脈を利用した周到な根回しを済ませていたのである。

いったん皇帝になった後は、教皇を経由しなくても冠婚葬祭の飾りは身内のフェッシュ枢機卿で十分間に合った。ハプスブルク家の血統をひく跡継ぎを得るために神聖ローマ皇帝フランツ二世（一八〇六年に退位してオーストリア皇帝フランツ一世となる）の娘マリー＝ルイーズと再婚した時も、一八〇九年末離婚したジョセフィーヌとの結婚を翌年早々宗教的に無効にするなど形を整えてから、フェッシュによってチュイルリー宮で式を挙行させている。

しかしフェッシュ枢機卿が果たした最大の役割は、皇帝ナポレオンの戴冠式のためにピウス七世を「パリに呼びつける」ことだった。そのためにナポレオンはフェッシュをフランス大使として

皇帝ナポレオンの公式肖像画

一八〇三年にローマに派遣した。その時のフェッシュの秘書が文学者シャトーブリアンである。

戴冠式の前日に、ナポレオンとジョゼフィーヌに結婚の祝福を施したのも、フェッシュだった。ジョゼフィーヌは未亡人であり再婚することは宗教的な問題がなかったのだが、カトリック教会と「縁を切った」時代に共和国の法で結婚していた二人は、宗教的にはまだ結婚していなかった。ジョゼフィーヌはそれをピウス七世に打ち明けたのである。

フェッシュは一八〇五年に正式にナポレオンの帝国付大司祭となった。ナポレオンはフェッシュに、教皇が対オーストリア戦に合意するよう画策することを期待したがままならず、一八〇六年にフェッシュをローマの大使館から呼び戻してドイツに送り、ドイツ帝国付きの副司教に任命した。フェッシュはナポレオンからはレジオン・ドヌール勲章を、ピウス七世からは金鐙騎士章を授与された。ナポレオンとマリー＝ルイーズの息子にノートルダム大聖堂で洗礼を授け、息子はローマ王の称号を得た。

しかしフェッシュはナポレオンの傀儡《かいらい》として言いなりになっていたわけではなかった。彼は枢機卿としてローマ教皇に忠実で、後にナポレオンがピウス七世を拉致監禁するに至った事件に大きなショックを受けた。サヴォワからフォンテーヌブローに移されたピウス七世にフェッシュが届けた手紙はナポレオンの怒りを買い、フェッシュは帝国司祭の任を解かれてリヨンに監禁状態となった。ナポレオンの失脚後、フェッシュはローマでピウス七世に迎えられ、ナポレオンより長生きして教皇領内の屋敷で死んだ。彼の名を不滅のものにした膨大な絵画コレクションの一部は故郷コルシカのアジャクシオに寄贈された。このフェッシュのおかげで、ナポレオン没落後のボナパルト家の人間はローマに亡命先を得たし、ナポレオンも極刑を免れることになった。

ナポレオンは常に自分自身が神としてふるまおうとしていたが、ローマ教皇というヨーロッパの

「聖の世界」に君臨し続けた存在にフェッシュという「懐刀」を委託しておくことによって、究極の危機における逃げ道を用意していたと言える。そして、ナポレオンもフェッシュもピウス七世も、単に権力欲に動かされ時代に翻弄された人間ではなかった。それぞれ、人間性における「聖なるもの」への洞察を通して、啓蒙の世紀の後継者として近代を切り開いた強烈な個性だったのだ。

ピウス七世

実際、本土を離れたコルシカ島出身のナポレオンやフェッシュに比べて、最も都市的で近代的な開明の精神に富んでいたのはローマ教皇ピウス七世だった。

ここで、ナポレオンとローマ教会の確執が始まった一七九六年に、話を戻してみよう。若き将軍ボナパルトに率いられたフランス共和国軍は、イタリア遠征で勝利に次ぐ勝利を重ねていた。一七九八年二月、フランス軍がついにローマを占領して「共和国」設立を宣言した。

すでに八〇歳を超えていたローマ教皇ピウス六世は囚われの身となり、一七九九年八月に幽閉先のフランスで没して仮埋葬されるという前代未聞の事態が起こった。軍隊の占領下にあるローマは略奪され教皇庁の機能を果たせず、枢機卿たちが次の教皇を決めるコンクラーベは九月にヴェニスの修道院内で開催された。ヴェニスは一七九七年以来オーストリアの領土となっていた。集まったのは四六名の枢機卿のうちの三五名だけだった。この時彼らを保護したのが、一〇年後に娘をナポレオンに嫁がせることになる最後の神聖ローマ皇帝フランツ二世である。当時のローマ教皇選出に対しては、オーストリア、スペイン、フランスの王に拒否権行使が認められていた。

この時、自国領に枢機卿たちを集めたフランツ二世は二度も拒否権を行使して、新教皇の選出を半年も遅らせることになる。当時のカトリック教会はローマの権力に忠実な派と近代化に積極的な派とに二分されて、それはそのまま政治的イデオロギーの対立ともなっていた。一八〇〇年三月、コンクラーベ書記長であった当時四三歳のコンサルヴィ枢機卿の手腕で、ようやく、ボローニャのイモラ司教グレゴリオ・キアラモンティが選出され、ピウス七世を名乗ることになった。

一七四二年キアラモンティ伯爵家に生まれ、早く父を失って母に育てられたピウス七世は一六歳でベネディクト会修道士となった。その卓越した知性を認められ、ローマの教皇庁立の神学院に派遣されて学んだ後、二三歳で司祭に叙階《じょかい》され、パルマのサン・ジョヴァンニ修道院で神学と哲学を教えるようになった。当時のパルマ公は啓蒙の進取の意気高く、息子の家庭教師としてフランス人哲学者で経験主義者《アンピリスト》(ベーコンやロックらの流れで後の現象主義哲学にも影響を与えた)のアベ・コンディヤック(一七一七—八〇)を抱えていた。

未来のピウス七世グレゴリオはこのコンディヤックとも会見した。文化人でもあったグレゴリオはすでにディドロの『百科全書《アンシクロペディア》』に親しみ、社会や科学の実態にも広く通じていたのでコンディヤックとの交流を深め、『人類の知識の起源について』を翻訳して広めることに貢献した。マビヨンを読み漁り教父の文献も批判的に研究していた。三〇歳で教会法を教える資格を得、ローマの母校で神学教授となり、修道会の改革の必要性を確信するようになった。

ピウス六世はこのような「近代の」風とは縁が遠かったが、グレゴリオが四〇歳になった一七八二年にティヴォリの司教に任命し、三年後にはイモラの枢機卿とした。それは別にピウス六世がグレゴリオの進取の気風を評価していたからではない。一般に一八世紀の知識階級というものは、カトリック教会の聖職者と大きなファミリーを形成していた。イタリア各地の領邦国家の既得権益を守るために高位聖職者になる者以外は、啓蒙の世紀の最先端の思想家たちに伍していたのである。

フランス革命を支えた平等主義と普遍主義は、もともとキリスト教の根幹にあるものだ。一七九六年にフランス軍が司教区に侵入した時、グレゴリオは教区民の抵抗を鎮め、一七九七年のクリスマスには「民主主義政体」を賛美する説教まで謳いあげたのだった。

ピウス七世の改革

フランス革命というと、古色蒼然とした封建的なカトリック教会を一掃したかのような印象を持ってしまいがちだが、当時の高位聖職者たちは世俗の知識人たちと同じく啓蒙の世紀の申し子だった。ナポレオンと対峙することになったローマ教皇ピウス七世は、コルシカ島の軍人家庭出身のナポレオンに比べるとはるかに「近代」の理念を体得していたと言えるだろう。ナポレオンにとって宗教はプラグマティズムの次元で扱うべきものだったが、ピウス七世にとっては、カトリック教会を通してこそ真の近代理念が実現されるべきだった。一七九七年のクリスマスの説教で、未来のピウス七世グレゴリオはこう言った。「民主主義政体は福音書と矛盾しない。それどころか、イエス・キリストの学校でのみ学び得る至高の徳を要求するものである。そしてそれらの徳はあなた方のうちで宗教的に実践されることによってあなた方に幸福をもたらし、我々の共和国の栄光と輝きに寄与するであろう」。

グレゴリオは啓蒙思想家でありすぐれた外交手腕も持っていたが、「世渡りのうまい人間」ではなかった。彼の「近代理念」は本気で福音のイエスに根付いたものであり、禁欲的であり権威的なところのない謙虚な信仰者であったと言われる。彼は近代革命によって瓦解するかに見えたカトリック教会を頑なに硬化させることもなく、時代の息吹と共に真の福音精神に基づく教会の新生を目指していたのだ。だからこそ、五七歳でヴェニスにおいて教皇に選出されピウス七世となった後も、神聖ローマ皇帝の庇護下に留まることをよしとせず、もう二八ヵ月も教皇のいなかったローマに戻ることを決意した。

教皇となったのは一八〇〇年三月だ。

おりしも、六月にはナポレオンが有名なマレンゴの戦い（北イタリア）においてオーストリア軍に勝利した。この時の葦毛の愛馬に跨《またが》ったナポレオンの雄姿は肖像画として後世に残った。すでに第一統領となっていたナポレオンはこのマレンゴでの逆転勝利により、軍神としてのオーラを獲得したのである。

その半月後の七月三日、ピウス七世はローマに入城した。ローマ市民はピウス七世を歓呼の声で迎えたが、三〇ヵ月にわたるフランス軍とナポリ軍の占領によって農村地帯は甚大な被害を受けていて、人々は飢饉にあえいでいた。サンタンジェロ城の財宝は略奪され、美術作品も四散していた。カトリック国からの上納金も途絶えていた。ピウス七世はヴァチカン宮とキリナル宮に教皇庁の機能を集中させて、コンクラーベの書記長であったコンサルヴィを国務長官として教皇庁の改革に着手させた。教皇庁の軍隊や役所には聖職者以外の俗人も公務員として登用されるようになった。銅を混ぜた悪質の銀貨が取り除かれ、穀物取引の自由化に続き、工業や手工業の市場にも自由化が許された。

一八〇一年の三月にはロシアにおけるイエズス会の存続を是認して復興を認めた。教皇に忠誠を誓う国際修道会であったイエズス会はナショナリズムに目覚めたヨーロッパの王たちから弾圧されて、その圧力に屈した教皇クレメンス一四世によって一七七三年に禁止されていたのだ。

コンサルヴィが次々に繰り出した教皇庁の新路線には、内部でも抵抗を示す者が出てきた。コンサルヴィは、「フランス革命が政治とモラルに及ぼしたものは、(旧約聖書の)大洪水が地上に及ぼした大変化と同じである(…)以前はこうでなかったとか、我々の法は素晴らしいもので変えてはならないなどというのは、重大な過ちである。すべてのものが破壊された今こそ、またとない再建のチャンスなのだ」と言い切った。コンサルヴィとピウス七世というコンビがカトリック教会の改革をそのまま進めていれば、教皇庁はひょっとしてヨーロッパのどの国よりも早く真の「近代国家」になっていたかもしれない。

和親条約《コンコルダ》

しかし、教皇庁内の反対派などよりもはるかに慧眼をもって、この二人の改革の近代的な意味とその危険性を見抜いていた男がいた。ナポレオンである。一八〇六年六月、皇帝になっていたナポレオンはコンサルヴィを失職に追いやり、教皇庁の近代化は成し遂げられなかった。そして、さすがにやめさせることはできない教皇ピウス七世に対するナポレオンの執拗な攻撃は、そのずっと前に始まっていた。一七九九年一一月、ブリュメール一八日のクーデターによって独裁的な第一統領となったナポレオンは、すぐにフランス国内の教会を復興させる決定をした。内戦を収めるにはそれが最も善い方法であることを理解したからである。一八〇一年八月の閣議においてナポレオンは豪語した。

「私はカトリックになることでヴァンデ戦争を終結させた。イスラム教徒になることでエジプトを治めた、教皇寄りになることでイタリア人の心を掌握した、もしユダヤ人を支配することに必要ならソロモンの神殿だって再建してみせただろう」。

恐るべきプラグマティックな精神の持ち主であるナポレオンは、宗教とは「種痘やワクチンの一種だ」とも言った。人々はいつも奇跡を求めているし、ほら吹きや魔術師もいつも必要とされている。宗教はそれを満足させる一定の枠組みを与えてくれる。それだけではない。国家の秩序のためにも宗教は不可欠だ。「社会とは富の不平等なしには存在できないし、富の不平等は宗教なしには持続できない」とナポレオンは洞察した。

「貧しいものは幸いである」と原始共産共同体を標榜した最初のキリスト教徒たちに思いをはせて、フランス革命の平等主義と民主主義に共感し教皇庁を改革しようとしたピウス七世とは、まさに真逆の考え方であった。キリスト教ヨーロッパを統一したシャルルマーニュ大帝がローマ教皇により最初の神聖ローマ帝国皇帝に任命されてから一千年後、近代精神の申し子であるピウス七世が世俗権力の権益確保と拡大のツールと化した宗教を「正道」に引き戻そうと決意した時、コルシカ島からやってきた軍人上がりの独裁者ナポレオンはツールとしての宗教の価値を最大限に引き出そうと決意したわ

フォンテーヌブローのナポレオンとピウス七世

けである。

宗教は過去の遺物などではない、動乱の時代の人心を鎮め統合するために最も有効な舞台装置なのだ。当時国民の八〇パーセント以上がカトリックであるフランスにおいては、それは具体的には、革命によって関係を断絶した教皇庁と和親条約を締結することだった。反革命勢力もついに鎮静させることができるだろう。

ナポレオンへの共感

ピウス七世にとっても、フランスにおけるカトリック教会の復興は喜ばしいことだった。開明的で歴史を俯瞰する知性を持っていた教皇は、何世紀も続いてきたヨーロッパの王侯貴族たちがキリスト教のルーツにある平等主義、平和主義、普遍主義を無視し、踏みにじってきたことと、それに対してローマ教会が妥協していたことを苦々しく思っていた。その硬化した旧体制にくさびを入れて登場したナポレオンを、ピウス七世は気に入っていた。

ピウス七世は世俗権力に対する幻想はもっていなかった。

「我々は、不信心者や異端者ばかりのいるカトリック政府のもとでしか平和と安寧を得られていない。ロシア、イギリス、プロシア、中東のカトリックはなんの厄介事も起こさない。彼らは自分たちに必要な教書や指示事項を要求し、その後で教会法に則った平穏な道を進む」、「神聖ローマ皇帝やナポリ王やスペイン王のしたい放題のせいでローマ教皇ほど不幸な者はない」、「（教皇とは）教義の番人で最高首長だ。宗教（カトリック）とは尊重すると言われながらあらゆるところを崩されていく建物だ。あらゆる造反者はいつも我々を必要とし、我々の良心と名誉が変革を拒絶するということを分かろうとしない。彼らは我々の拒絶を笑ったり怒ったりして押し返す。我々への要求はほとんどいつも脅迫とともになされる」とピウス七世は言う。

この教皇の嘆きを、ローマの大使であったフランソワ・カコーが第一統領であったナポレオンに報告して、「法王庁と教皇と枢機卿会がここ十年の間カトリック教徒から受けてきた虐待は、未開人でも彼らの守り神には加えないほどの暴虐です」と言っている。

ナポレオンも、自分の権力の安定のために宗教を利用しようとしたことでは、それまでの世俗権力者と変わらない。けれども、そのためにはまず、いまだ法王庁や教皇をただの道具としか扱っていない王侯貴族の手から「宗教」を教皇に返す必要がある。そのためにピウス七世に近づいた。ナポレオンは、教皇の権威を利用する前にまず、失われた「原初の権威」を教皇に回復させる必要があった。そのようなナポレオンの心性の底にある「カトリック的なもの」にピウス七世は気づいていた。

しかし、フランスでは反革命派もジャコバン派も和親条約に反対しローマでも守旧派は妥協を許さなかった。ナポレオンが交渉を託したのはフランス革命後に聖職者市民憲章に署名した最初の共和国司教であり外務大臣となったタレランで、ピウス七世側ではスピナ司教が担当した。タレランはナポレオンが奪った教皇領の一部であるベネヴェント領主となっていてそこに内縁の妻もいた。ピウス七世は彼を聖職者と認めることを拒否した。フランス革命でカトリック教会の財産を国家が没収することを提案したのも、このタレランだったことを教皇は知っていた。

和親条約では司教区の再編、聖職者の再任命、没収した財産の委譲を合意することがフランスから求められ、ローマ教皇はフランス国家が教会を保護すること、カトリックがフランスの国教とされることを要求していた。フランスは革命政府が離婚や司祭の妻帯を合法化し修道会を禁止したことについても、譲歩するつもりはなかった。一八〇一年六月二〇日、ピウス七世は右腕である国務長官コンサルヴィをパリに派遣した。

自己神格化の戦略

コンサルヴィは、ナポレオンの兄であるジョゼフ・ボナパルト宅での二〇時間に及ぶ協議を経て、ナポレオンとの合意に達した。七月一五日の真夜中に、一七条の和親条約が署名された。この条約はその後イタリア、バヴァリア、ナポリ、オランダなどが教皇庁と交わした条約のモデルとなった。教会や神学校が再び開かれ、司祭の給料は国から支払われ、公務員にも日曜が休日となった。反教権主義の強い下院はさらに七七の条項をつけ加えて教皇の力を制限したが、教皇は批准しなかった。ピウス七世は和親条約について、「我々は地獄の扉の前まで行くことにはやぶさかではないが、そこでとどまる」と形容した。

和解の象徴として一八〇一年一二月二四日、フランスで仮埋葬されていたピウス六世の遺体がローマに返還されて、翌年二月一〇日、ピウス七世が聖ピエトロ大寺院で正式に葬儀を行った後に葬られた。四月の復活祭には、和親条約の公布と、イギリスとの間に締結されたばかりのアミアン講和条約による平和を記念して、パリのノートルダム大聖堂で「テ・デウム」の賛歌ミサがナポレオン出席のもとに執り行われた。フランスに平和をもたらしたナポレオンは、八月二日に終身統領となった。

この時はじめてナポレオンの前に、自分を始祖とする「王朝」の地平が開けてきた。しかしフランス革命を終結、成就させたナポレオンが「フランス王」を名乗るわけにはいかない。彼は「皇帝」になる必要がある。そして皇帝となることを正当化する一番の方法は、「神」になることだった。権力は「聖性」によって完成されなければならない。

一八〇四年の五月、ナポレオンは世襲皇帝制度を議会に通過させた。それを聞いたピウス七世は、その「新シャルルマーニュ」が自分の前に額ずくことを夢見た。コンサルヴィにローマでの全権を託して一二月二日の戴冠式のためにピウス七世がフランスに入ったのはちょうどひと月前だった。パリに着くまでに通過した各地で教皇はミサを司式した。人々は歓喜した。革命と恐怖政治、ヴァンデの戦いにカトリックの禁止と聖職者の分裂、修道院の閉鎖などによって人々は「聖なるもの」を喪失していた。ピウス七世はフランスを超えた普遍教会の長としてふるまい、人々は復活した「聖性」を歓迎した。この時点では、ピウス七世こそが新しい「神」だったのだ。

けれども、ナポレオンの態度は違った。一一月二五日に予定されていた公式のレセプションの前日、狩りの服装のまま突然やってきたナポレオンは、ピウス七世を馬車で自分の右側に座らせた。二八日、教皇はチュイルリー宮に移された。一二月二日の朝、ピウス七世はノートルダム大聖堂に向かったが、ナポレオンは一時間遅れてやってきた。氷のように冷えた大聖堂で午後一時に教皇とフェッシュ枢機卿がミサを挙行し四時半まで続いた。教皇はナポレオンとジョセフィーヌの額と手に聖油を塗布し、指輪と「シャルルマーニュの剣」とマントと「正義の手」(笏)、宝杖、王冠に按手して祝別した。

しかし、ナポレオンは、その王冠を自分の頭に載せる隙を教皇に与えなかった。帽子をかぶるように自分で戴冠すると、続いて跪《ひざまず》くジョセフィーヌの頭に冠を載せた。そして、和親条約を守るが（教会から没収した）国家の財産は撤回しないこと、フランス国民の利益と幸福と栄光を目的としてのみ統治することを厳かに宣言した。神聖ローマ皇帝のようにローマ・カトリック教会の利益と栄光を擁護する皇帝ではないことを、国民と教皇の前ではっきりと分からせたのである。

出席していたジョゼフィーヌの侍女であるマダム・ド・レミュザの回想記には、「教皇は儀式の間中、諦めた犠牲者、しかし高貴に諦めた犠牲者のように見えた」と記されている。

皇帝に抵抗するローマ教皇

皇帝ナポレオンの戴冠式におけるローマ教皇ピウス七世は、聖油を塗布したり王冠に按手して祝別したりなどナポレオンの聖性を担保する役割しか与えられなかった。ナポレオンはフランス革命の最終形態の長として、フランス国民の幸福と栄光のために統治すると宣言し、そのためにはカトリック教会の威光を必要としないことを知らしめたのである。

いったん「皇帝」のオーラを自らにまとった後は、フランス国民の統合に便利なツールとなるカトリックを牛耳るのも、フランス皇帝の役割でなくてはならない。ナポレオンにはピウス七世を無力化する必要があった。なぜならピウス七世は世俗の権力者であるナポレオンの傀儡《かいらい》として甘んじるような人間ではなく、近代革命による民主主義理念によって教会の改革まで試みた「開明的な教皇」だったからだ。教皇以外の聖職者は問題なかった。ノートルダム大聖堂での戴冠から数ヵ月後には、ミラノでカプラーラ大司教（和親条約時の教皇の特派大使）がナポレオンをイタリア王として聖別をしている。

ピウス七世はナポレオンの戴冠後もしばらくパリに残った。一八〇五年二月一日にはノートルダム大聖堂でランス大司教とパリ大司教を枢機卿に任命した。どちらもフランス革命時にローマへの忠誠を守った聖職者で、後者は和親条約後に叙任した最初の聖職者だった。同じ月、ナポレオンはダヴィッドに命じてチュイルリー宮での教皇の肖像画を描かせた。それをもとに造幣局が金貨を造り、そこには「ナポレオンはローマからやってきた教皇ピウス七世によってフランス人の皇帝として聖別された」との銘が刻まれた。チュイルリー宮に訪れる信者たちを祝福している三月八日付の銅版画も残されている。

ピウス七世は妥協をしなかった。ナポレオンは弟たちを通してヨーロッパの王家との姻戚関係を強固にしなくてはならなかったのに、末弟のジェロームはアメリカの商人の娘と結婚し、リュシアンは未亡人と結婚した。ナポレオンはジェロームの結婚の無効宣言を要求したが、教皇はナポレオンにあてて天使のように穏やかで、しかしどんな聖人教父たちにも恥じない断固とした長い誠実な手紙を書いて拒絶した（しかしナポレオンが強引に離婚させてヴュルテンベルク王の娘と再婚させている）。兄の怒りをかったリュシアンも保護し、王政復古の後もイタリアに領地を与えた。

教皇は来たときと同じく各地で人々に歓迎されてミサを挙げながら、一八〇五年五月八日にローマに戻った。半年近いフランスでの滞在は、革命後の混乱の時代に比べるならば、ローマ教会の未来に一縷《いちる》の希望を教皇に与えたと言えるだろう。

一方、ローマ教皇を動員して皇帝となったナポレオンにとって、自らは神の力を賦与されたに等しいものだった。一八〇五年の末にアウステルリッツでオーストリアとロシアを破り、翌年にはイエナでプロシア軍を破った。ボローニャ、フェラーレ、ラヴェンナを教皇に返還することもなかった。イギリスに対して大陸封鎖を発令した時、ピウス七世は世俗の争いに対しての中立の立場からこれを拒絶した。

皇帝として全盛期にあったナポレオンは、ピウス七世の拒絶が理解できず、教皇にとって代わろうとした。一八〇六年二月の書簡で皇帝にあてて「猊下《げいか》はローマの首長で私は皇帝です。私の敵はあなたの敵でなくてはならない」と書き、「私は猊下よりも宗教を大切にします。猊下は宗教を窮地に残しています。私がどうやるか見ていてください。私は魂を滅ぼしてしまう猊下よりも賢明に、もっと巧妙にもっと敬虔にやれるでしょう」とまで言ってのけた。けれども、教皇から得られた譲歩は、ブルボン家を追うためにナポリに向かう帝国軍に教皇領を通過させることだけだった。

同年六月、ナポレオンは教皇の右腕であったコンサルヴィを解任に追い込み、八月には『帝国の公教要理《カテキズム》』を教皇代理の枢機卿に公認させた。そこにはキリスト教徒はナポレオンに「愛と尊敬、兵役、税、従順と忠誠とを負うべきである」と書かれていた。

ピウス七世はヨーロッパ大陸でただ一人、「近代のカエサル」に抵抗し続けた。独裁はキリスト教の根幹にある平等主義や民主主義に反し、神はカエサルの力を超えたところにあるからだ。けれども皇帝となった「聖なる」ナポレオンにとっては、今や自分こそが「神の意思」を体現する存在である。その神の意思は「力」によって遂行されねばならない。

一八〇六年から一八〇八年にかけて、教皇領は少しずつフランス軍に浸食されていった。

ナポレオンは教皇が「帝国カトリック」をすぐに公認しないことに苛立った。ピウス七世は、「教会においては諸事を即断することは正しくないとされている」と説明した。力の論理ではなく永遠の神の法を守るのが教会なのだという自らの立場を固持した。穏やかで内気ともいえるピウス七世は、危機の中で、信仰の意味を研ぎ澄ませてゆき、一歩も譲らなかったのだ。そこには、今や神のごとくふるまうナポレオンにも「信仰の言葉」が届くはずだというかすかな希望があり、直感的な信頼と、好意は消えていなかった。和親条約の前にまず「教会の傷」を癒そうとしていたナポレオンの思いのうちに垣間見た聖性への感受性を忘れてはいなかった。

一八〇九年二月二日、将軍アレクサンドル・ミオリスが皇帝の命令に従ってついにローマに入城した。ピウス七世はキリナル宮に避難した。五月一七日ナポレオンは教皇領を「県」の形で帝国に併合した。

全面対決の始まり

それに対する教皇の答えは「聖ペトロの財産（教皇領のこと）を侵害する者、それを提言したり合意したりする者すべてを破門する」という旨の教書（Quam memorandum）を発布することだった。それは明らかに、五年前にノートルダム大聖堂で聖別したナポレオンを破門するという意味だった。ナポレオンは怒り、「やつは危険な狂人だ、閉じ込めておく必要がある」と教皇について語った。

異文化の異宗教を前にしても柔軟で敬意を失わず、ヨーロッパ中の王侯貴族を敵にしても冷静を保って巧みな外交辞令を駆使することができるこの男が、ピウス七世の前では焦りを隠せなかった。怒りは、「教皇は精神《エスプリ》を支配し、私は物質しか支配しない」という絶望に変わった。聖職者たちを武力で抹殺しても意味がない。「司祭たちは魂を守り私には骸《むくろ》を投げ捨てる」とナポレオンがいう時、それはほとんど啓示のように響く。怒りと絶望の中で、ナポレオンはピウス七世の死守する「信仰」の本質を悟っていたのだ。

ナポレオンを愛したピウス七世の苦しみも大きかった。歴代のローマ教皇も、何世紀にもわたるヨーロッパの世俗権力との覇権争いの中で、妥協や屈辱や雌伏や昏迷の試練を潜り抜けてきた。けれども、その天才を認めて愛したナポレオンによって負わされることになった十字架は重かった。比類のない軍功、人間の偉大さを拡大するとともに、真の名誉や聖性への感受性さえ備えているナポレオンという十字架を一五年も背負ったピウス七世は、崩れ折れることなく、耐えた。信仰の中で、教皇は一人ではなかった。ナポレオンは、一人だった。

一八〇九年七月五日の深夜、ナポレオンが派遣したエティエンヌ・ラデ将軍が、一千人の兵を率いてキリナル宮に侵入した。騒ぎを聞きつけて起きたピウス七世は着替えて自ら寝室の扉を開いた。その姿を見たラデは、教皇の放つ聖性のオーラに感じ入ったと述べている。命令通りナポレオンの破門を解くように迫ったラデに、ピウス七世は「それはできないし、してはならないし、するつもりもない」と答えた。

その結果、教皇はナポレオンへの抵抗軍を組織していたと見なされる国務長官パッカ枢機卿と共に、ラデに伴われてフィレンツェに護送され、四一日後に地中海に面したリグーリア州のサヴォーナに着いて一八一二年三月まで幽閉された。

ローマから遠く離れたピウス七世はこれでは教皇の責務を果たせないと嘆いたが、ナポレオンへの抵抗は続いた。ナポレオンが任命した一七人の新司教を叙階することを拒否したのである。革命前のフランスでは地域の冠婚葬祭をすべて引き受けて記録する小教区が「役所」の機能を担っていた。その小教区をまとめたものが司教区で、小教区の司祭が区長や市長だとすれば司教は県知事のような役どころで、国政と地方行政の橋渡しをする。絶対王政下のフランスではその司教を王が任命し、司教が司祭を叙階していた。しかし司教を叙任するのはローマ教皇の役どころだ。司教や司祭というシステムはもともとカトリック教会のものだから、それを否定することまではさすがのフランス王も、そして皇帝ナポレオンもしていなかったのだ。

それが無視されたのは、ローマ・カトリック勢力を排斥断絶したフランス革命の一時期だけだった。和親条約の後でカトリックとの関係を復活したフランスにとって、司教という行政の中間に位置する聖職者の任命がローマ教皇によって拒絶されるのは大きな障害である。司教不在という形で一七もの司教区を抱えることになる。教皇はまた一八一〇年にナポレオンとジョゼフィーヌとの結婚の無効やハプスブルク家のマリー＝ルイーズとの再婚にも宗教的認可を与えなかった。結局最初の結婚の無効とマリー＝ルイーズとの結婚という宗教的な体裁を整えたのはナポレオンの親戚であるフェッシュ枢機卿だった。

一八一一年、一月一四日、「教皇ピウス七世に帝国内のいかなる教会との通信をも不服従の罪として禁ずる」という通告がなされた。皇帝が教皇に下した政治的な「逆破門」である。その二ヵ月後、三月二〇日にナポレオンに跡取り息子が生まれ「ローマ王」の称号を与えられた。

教皇への報復としてナポレオンがさらに決定したのはヴァチカン文書をすべてパリに移送すること

であった。「ローマ司教」でもある教皇はすでにローマにいない。ローマ・カトリックの歴史を担保するヴァチカン文書をローマから奪うことで、ナポレオンは神の代理人としてのピウス七世の権威を無化しようと試みたのだ（後述）。第二次大戦ではヒトラーがローマから美術品をドイツに移そうとしたように、ヨーロッパのアイデンティティの根幹にあるローマの財産を掌中にすることは、ヨーロッパ皇帝を自認する独裁者たちの見果てぬ夢であるらしい。

ナポレオンはフェッシュ枢機卿を通して国内の司教会議を開き、フランスの教会をすべて政府の監督下に置くという条例を投票にかけた。しかし、多数決で採択されたその条例に、ピウス七世は認可の署名を拒絶した。その「頑迷」ぶりに激高したナポレオンは、より強い圧力をかけるために、一八一二年六月に教皇をイタリアからパリ近郊のフォンテーヌブローに移送した。一八一三年一月、ロシアから帰ったナポレオンは自らフォンテーヌブローに赴き、五日間の嫌がらせの末、一月二五日に「フォンテーヌブローの和親条約」と呼ばれる文書に教皇の署名を得ることに成功した。

両者がこのような形で対面するのは、戴冠式を前にした一八〇四年一一月二五日以来、八年以上経過している。ナポレオンは、教皇領の併合、一七司教の叙階の他、教皇がフランスに駐留することまでを含む条約に署名させようと、五日間ピウス七世を脅したりすかしたりを繰り返した。ある時は教皇衣のボタンをつかんで揺さぶり「このことは喜劇で始まったが悲劇で終わるぞ」とすごんだ。親ナポレオンのフランス人司教たちも同調して圧力を加えた。

皇帝という名の神の失墜

しかし、いったんは署名した教皇は、二ヵ月後の三月二四日、パッカ枢機卿やコルサルヴィ（フランスのランスに幽閉されていたがピウス七世に合流を許された）のアドヴァイスを受けて条約を破棄した。それが結果的に、政治的に正しい選択となった。ナポレオンに対抗する同盟軍は、フランスに進軍しつつあった。翌一八一四年一月に教皇は、フランスでの幽閉を解かれてサヴォーナに戻された。フランスは対仏大包囲網に囲まれ、三月三一日にパリが陥落した。

外交による終戦を目指したナポレオンは四月四日無条件に退位させられ、一六日のフォンテーヌブ

ピウス七世の帰還　1814 年

ロー条約によってエルバ島へ送られることが決定した。同じフォンテーヌブローで前年ナポレオンの圧力に一度は屈したピウス七世の方は、五月二四日、民衆の大歓呼に迎えられて五年ぶりにローマへの帰還を果たすことになる。

ナポレオンの失脚によってヨーロッパの王家が復活し、フランスでは時計の針が一気に革命前に戻ったかのように、ブルボン家のルイ一八世（フランス革命で死刑にされたルイ一六世の弟）が王位に就いた。ナポレオンのような強烈な独裁者を失ったフランスは、ヨーロッパの他の王家に拮抗できる象徴を必要としたのだ。

ヨーロッパ中が秩序の再建を模索しているこの時期に、ローマに戻ったピウス七世は、中断していたローマ教会の改革に再び着手した。フランスへの亡命を余儀なくされていたコルサルヴィが国務長官として腕を振う時がまたやってきたのだ。

ウィーン会議によって教皇領はフランス国内の飛び地（アヴィニョンなど）を除いて回復された。ローマ教皇は一国の元首としての地位を取り戻し、以前のように外交力を発揮することができるようになったのだ。ヨーロッパ諸国との和親条約が次々と締結された。バヴァリアやナポリだけでなく、正教のロシアやプロテスタントのプロシアとも条約が交わされた。ルイ一八世は政治的配慮により歴代王が聖油の塗布を受けたランス大聖堂で戴冠することはなかった（彼に続くシャルル一〇世がその伝統を復活させた）が、フランス革命時に聖職者市民憲章に署名しなかった司教を宮廷付き司祭に任命した。フランスと教皇庁の間に交わされた一五一六年のボローニャ条約に戻す新たな和親条約（コルサルヴィが起草した）は批准されなかったものの、カトリックは少しずつ復興し、宗教予算が増え離婚が禁止され、新教区が設置された。ピウス七世はローマ帰還後すぐにイエズス会を復活させた。一方、無神論者やフリーメイスンやプロテスタント弾劾が再び始まった。教皇領を分割して世俗の役人がアシストする地方分権を取り入れたり、税制の合理化を図ったりなどの改革も進めた。ナポレオンに二年遅れて一八二三年に世を去るまで、ナポレオン戦争によって踏みにじられたヨーロッパの秩序と平和の回復に貢献した。

一貫してナポレオンに譲歩しなかった態度は新勢力からも高く評価されたし、フェッシュ枢機卿をはじめ、ナポレオンの母を快く迎え入れ、ナポレオンの弟リュシアンをカニーノ公に任命するなど寛容の精神を示した。思えばピウス七世の継承者レオ一二世も、一八〇九年ピウス七世の逮捕に続いて修道院に軟禁され、その後のピウス八世も一八〇八年にナポレオン体制に忠誠の誓いを拒否したことで逮捕されたという教皇就任以前の経歴を持っている。ピウス六世から数えて実に四人の教皇がフランス軍に捕らえられるという激動の時代だったのだ。啓蒙の精神に鼓舞されたピウス七世が目指した新しい形の教会と、革命を成就したと言いつつ野心によって絶対独裁の対岸に渡ったナポレオンの帝国とが、聖と俗の棲み分けの境界を探りながら漂流した一時代はこうして終わりを迎えたのである。

3. ナポレオンの宗教観

聖ナポレオン

教皇によって聖別された皇帝となったとはいえ、ナポレオンは絶対王制の時代の王たちに倣って王権を神から授けられたと主張することはできない。教皇でもなければ司教でも司祭でもない。そんな彼の戦略の一つが、神でも聖職者でもないが天后と称される聖母マリアにとって替わることだった。プロテスタント国ではマリア崇敬や各種の聖人崇敬は廃されていたが、カトリックに留まったフランスは聖母マリア（ノートルダム）を守護聖女として国を聖母に奉献していたし、カトリックを一掃した革命時代も、共和国のシンボルにマリアンヌを掲げたり、理性の女神の祭典をしたりするなど、聖母の代替品を次々に生んできた。

ナポレオンはもちろん聖母にはなれないが、聖人にはなれる。そして、聖人と聖母崇敬の伝統を一身にまとめることのできる僥倖《ぎょうこう》が訪れた。ローマの殉教者聖ナポレオンが「発見」され、その祝日が聖母マリアの被昇天祭と同じ八月一五日であり、それはナポレオンの誕生日（受洗日は一七七一年七月二一日）でもあったのだ。この「聖ナポレオン」というのは、長い間、ご都合主義のフィクションだと言われてきたが、キリスト教の迫害時代には数万と言われる有名無名の殉教者たちがいて、皆が「殉教聖人」と見なされる。探せばその中にナポレオンという名があるはずだ。

実際は、ナポレオンの依頼で教皇特使のジョヴァンニ・カプラーラ（ナポレオンによってレジオン・ドヌール勲章を授与されている）が、ローマ皇帝マキシミリアンの時代に殉教したネオポリスという聖人を「発見」して「聖ナポレオン」ともじったようだ。戦士の守護聖人になった栄光の「聖ナポレオン」像は「聖ナポレオンの祈り」と共にローマ兵士の甲冑をつけた勇ましい姿で木版画、銅版画のテーマとなり、教会のステンドグラスを飾ることになる。アントラのサン・マルタン教会に最初の聖ナポレオンのチャペルが設置され、ニースではリセに改築された洗礼者ヨハネ修道院に聖ナポレオンのチャペルが祝別された。ロッシュ＝シャレではプロテスタントの市長の提案で一八一一年にカトリックの聖ナポレオン教会が建てられた。この教会は王政復古の際に被昇天ノートルダム教会と名を替えられて八月一五日の祝日を保持した。後にナポレオン三世（ナポレオンの甥、ルイ・ナポレオン）の第二帝政の時代には聖ナポレオン像が一時的に各地で復活している。

ともかく、一八〇六年二月一九日には、聖母の被昇天祭が、聖ナポレオンの祝日と皇帝ナポレオンの誕生日を祝う日に変更された。イギリスの大陸封鎖に協力しないピウス七世を思いのままにできないことが分かったナポレオンはその年の四月、ついに『帝国の公教要理《カテキズム》』を教皇代理の枢機卿に認可させた。八月一五日には最初の聖ナポレオン祭が祝われて、以後七年続いた。ナポレオンの失脚後はまた昔ながらの聖母被昇天祭に逆戻りしたが、第二帝政のルイ・ナポレオンはなんとこの日を国民の祝日に制定した。七月一四日の革命記念日を「国民の祝日」とするのはあまりにも共和国的《レピュブリカン》すぎるという理由からだ。聖ナポレオンの祝日も同時に祝われたのは言うまでもない。午前中には女性や娘たちが聖母マリア像の行列を行い、午後は男たちが「軍神」を祝った。

一八七〇年、セダンの戦いの後で第二帝政が崩壊すると、聖ナポレオンは再び姿を消し、聖人カレンダーからも消えてしまった。それでもアフリカからアメリカ、カナダ、オーストラリアまで、子供たちは戦士の守護聖人である聖ナポレオンの名を与えられ続け、ナポレオンの生まれ故郷のコルシカ島のアジャクシオでは今も毎年八月一五日に聖ナポレオンならぬ地元の英雄であるナポレオン一世を記念する行事が続いている。

ヴァチカン文書の運命

皇帝となったナポレオンは、ローマ・カトリックを完全に支配するために、ローマ教皇をローマから引き離してフランスの首都パリをカトリックの本拠にしようと考えた。ナポレオンを破門するような教皇を無化して自分が教会の首長になればいいことだ。そのためには、ヨーロッパのカトリックの全歴史の足跡を集積しているヴァチカンの秘密文書を手元に置く必要があった。「ヴァチカンの秘密文書」などというとすぐに陰謀論だとか、何か怪しげな裏のオカルト組織などを思い浮かべる人もいるが、ラテン語の秘密はプライヴェートと同義で、教皇と側近の内部供覧文書というほどの意味だ。一一九八年にイノケンチウス三世が八世紀頃からの文書や筆写を集積し始めたものを一四四八年に二コラス五世が図書館の形にしたヴァチカン図書館は今も世界最古の現存図書館の一つだ。その中から主に行政文書を一六一二年に分けたものが秘密文書と呼ばれるもので、その棚は延べ八五キロメートルもの長さだという。その多くは今は歴史家らに閲覧が許可されている。フランスでは、一五八一年に閲覧を許可されたモンテーニュが日記に記録を残した。そこには九世紀にコルビィの僧院で筆写されたセネカの詩句や明朝の文書などが言及されている。

さて、ペトロの継承者として優位を誇り、神の代理人としてふるまってきた歴代のローマ教皇の上に立つために、ナポレオンは彼らのプライヴェート文書を自分のものにする決意をした。聖性は目に見えないが、紙に記されたさまざまな「秘密」は私物化することができる。ヴァチカンの秘密文書を手に入れることは神を手に入れることであり、自分が神になるために必要な第一歩でもある。

一八〇九年にまず教皇をローマから拉致してサヴォーナに幽閉したナポレオンは翌一八一〇年二月、教皇庁のすべての文書を押収する勅令を発した。最初はフランス王の戴冠に縁の深いランスが移送先だとされたが、結局はパリに変更された。

三二三九箱の文書が積まれた大型馬車が教皇庁を後にした。ヴァチカン文書大移動プロジェクトの第一陣であった。パリに到着した文書はスビーズ館に一時保管され、シャン・ド・マルスに建設される予定の帝国中央文書館に収蔵されるはずだった。文書群は一六項に分類され、オリジナルの整理番号が保存された。

しかし、この後ナポレオンの帝国の崩壊は速度を速めていく。一八一四年四月一一日のナポレオン没落後、フランス王となったブルボン家のルイ一八世はこれらの文書を教皇庁に返却することを早々と決定し、ヴァチカンからは聖職者とイタリア貴族からなる特使がやってきた。四月二八日、スピーズ館で正式の返還手続きが完了した。

ところが、文書の再移送の準備中にエルバ島からやってきたナポレオンの「百日天下」(一八一五年二月二六日―六月二二日)が起こり、その折にパリから急遽「疎開」させられた文書群はひどく損傷した。ナポレオンが二度目に失墜して遠くセント・ヘレナ島に流された後、ピウス七世は側近のマリノ・マリーニに即刻パリに戻って文書回収を開始するよう命じた。

マリーニは九月初めにパリに着き、一〇月には必要度の高い文書から搬送を開始した。しかしフランスに接するピエモンテでターロ河渓谷を渡る時に数台の荷馬車が貴重な文書と共に沈んでしまった。一二月にローマに戻ったマリーニは文書の一部を教皇に返還することができたが、多くはまだパリにある。国務長官のコンサルヴィは、パリにいるジンナズィ伯爵の判断で不要な文書を現地で焼却する許可を与えた。この時、ジンナズィは数百、数千にも及ぶ文書を焼いたと言われる。そればかりではない。何千枚もの紙が、包み紙としてパリの肉屋に売り渡された。多くの文書が永久に消滅したのだ。

それでも、一八一六年七月から翌年三月にかけての数度の搬送によってヴァチカン文書はローマに戻りつつあった。しかし行政書類が図書館に収められるなど混乱が続き、その取り違えの後遺症は今も続いていると言われる。

ナポレオンによるヴァチカンからの文書搬送の方が、ヴァチカンによる文書回収よりもスキルと情熱において上回っていたということだ。それはナポレオンの本気度を示している。彼が第一統領時代に和親条約《コンコルダ》を提言した時からカトリシズムをフランスに復活させることを本気で考えていたのは、単にローマ教皇の威光を自分の聖性の付与に利用しようということだけではない。ヴァチカン文書に象徴されるヨーロッパ形成の歴史という文化資本をまるごと移植しようとしたのである。

このエピソードからもう一つの神話も生まれた。「ヴァチカン秘密文書」を自由に調べることができた数年の間に、ナポレオンが有名な「テンプル騎士団」の隠し財宝の在りかを突き止めたというものだ。セント・ヘレナ島の遺品にヒントがあるに違いない「ナポレオンの財宝」を求めてやまない人々は今でも存在する。

ナポレオンの公教要理《カテキズム》

ナポレオンによるローマ・カトリックの復興の理由の一つは、ローマ教皇に教皇領を献上して以来カロリング朝がフランク王国を制した後でシャルルマーニュが皇帝としてヨーロッパを統一した歴史の正統性を取り込むことだ。宗教改革以後にもカトリックを国教としたフランスの社会的インフラや庶民のメンタリティが、カトリック教会なしでは支えきれなかったということもある。また、イギリス、ロシアという二大脅威を宗教的に牽制する意味もあった。

ピウス七世からフランス軍のローマ侵入を譴責《けんせき》されたのに応じて、カトリックから離反したプロテスタントであるイギリスやスウェーデンのような「異端」の輩や、正教であるロシアのような「教会外」の輩が、ローマで諜報活動しているのをまず追放するべきだと教皇に命じたことからもそれが分かる。教皇がそのような異端者を排斥しないのなら、ナポレオンの「世界征服」にはカトリック教会を救うという宗教的大義も加わるというわけだった。独裁皇帝の専制を人々に受け入れさせるには、フランス革命以来広まりつつあった「無神論」的考え方を一掃する必要もあった。洗脳には伝統的な宗教教育が有効である。国内の全教区において子供たちが読み方を覚えながら公教要理のクラスに通い、「支配者たち、特に私たちの皇帝であるナポレオン一世に対するキリスト教徒の義務は何ですか?——愛。尊敬。服従。忠誠。兵役。帝国の防衛と存続のために命じられる納税。私たちはナポレオン一世の救いのために熱烈な祈りを捧げます。」と繰り返させられた。

「共和国風の市民教育」と「独裁政治の享受」という相反するものが宗教的文脈に盛り込まれ、「父母を敬いなさい」という教えの後に皇帝と帝国への義務がつけ加えられ、税金や兵役を怠る者は永遠の地獄に堕ちると明言される。「宗教を復活させた皇帝は神から権力を授けられたに等しい。ナポレオンこそは地上における神の姿であり、皇帝を敬い皇帝に仕えることは神を敬い神に仕えることになる」のだ。

「私たちの上に立つ人たちに従わなかったり害を与えたり中傷したりすることは禁じられている」と断言するこの要理のテキストは、まったく政治的に作成されたものだったが、司教たちには容認以外の選択肢はなかった。それでも西フランスやベルギーではローマ教皇への忠誠から抵抗した司教がいた。三年後、ピウス七世がナポレオンをカトリック教会から破門した後も要理のテキストは残ったが、一八一四年七月二二日、帝国と運命を共にして廃止され、二度と陽の目を見ることはなかった。

コルシカの霊性と啓蒙思想

ナポレオンとローマ・カトリックの権力闘争を考える時、彼の出身地であるコルシカにおける宗教性を考える必要がある。二〇一四年、コルシカの司教はコルシカを聖母マリアに再び奉献すると発表した。一七三五年、一九三五年の奉献を更新することになる。「奉献」といっても、信仰の次元は別としてヴァーチャルなものだから何度でも行える。儀式はアジャクシオだけではなく二日にわたって聖母の聖地で執り行われた。

ナポレオンの生まれたアジャクシオでは、聖母がペストの猛威を防いだとして市民が聖母を守護聖女としていた。コルシカは中世以来繁栄していたジェノヴァ共和国の植民地であったが、途中ではフランスとオスマン帝国の連合軍に部分支配を受けたため「親フランス派」も生まれていた。ジェノヴァによる強権的な支配に対する本格的な反乱が起こったのは一八世紀のことである。一七二九年末から一七六九年半ばまで四〇年にもわたったコルシカ独立戦争は、ある意味でアメリカの独立戦争やフランス革命の先を行くものだったが、そのベースにあったのは純粋な啓蒙思想ではなく、聖母の加護を願う農民の反乱を軸とする「聖戦」であった。一七三五年一月三〇日、内陸部のコルテに集まった人民議会が独立を宣言し、その宣言はアメリカの一三の植民地を刺激して、合衆国の「独立宣言」を用意したと言われる。

立憲王政の「コルシカ王国」が宣言されたが王位を引き受ける者がいず、いったん王となった人物も島を離れた。イギリスはコルシカの利権を求めて「反乱軍」を支持したが、フランスは一七三五年にジェノヴァを支持した。反乱軍は再び武器をとり、一七五五年にパスカル・パオリがついに「コルシカ共和国」を宣言し、変則的ながらその後一〇年以上も「独立政府」が置かれることになった。もっともこの時点では、現代風のいわゆる国際社会から承認されていたわけではないから、本当の意味で独立国となったのではない。

パスカル・パオリは将軍として自らコルテ議会の首長であると宣言した。その後、独立反乱軍との戦争に疲弊し財政難に陥ったジェノヴァ共和国は、一七六八年五月一五日のヴェルサイユ条約で宗主国としての「権利」をフランスに部分委譲した。フランス革命のわずか二一年前、ナポレオン生誕の一年前のことだ。結局、フランス軍に敗れたパスカル・パオリはイギリスに亡命し、コルシカは事実上フランスに併合された。

ともかく、一七三五年の時点で「憲法」を掲げた「コルシカ王国」は、独立国家であったなら、世界で初めての「法治国家」となっていたわけだ。実際そのことに感動したルソーが自ら「コルシカ憲法草案（一七六五）」を起草したことは有名だ。『社会契約論』で展開した政治思想を具体的な国を想定して応用した貴重な例となった。

けれども、コルシカの「憲法」には、その後世界各地で掲げられる近代憲法とは決定的に異なるものがある。いや、人類の歴史における国家のコンセプトとして唯一ともいえる特徴かもしれない。それは、憲法が、国家を「無原罪の宿り」すなわち聖母マリアの保護下に置いたというところだ。

聖母に国を奉献するというセレモニーだけならば、今でもパリのノートルダム大聖堂の彫刻に見られるようにルイ一三世がフランスを聖母に捧げた例もある。一六三七年、結婚後二三年経っても後継ぎのできなかった王妃が聖母の取次を祈願した後、翌年に妊娠がわかった時、ルイ一三世は感謝の徴に自分とフランスと王冠と臣民を聖母に捧げ、すべての教会に聖母のチャペルを設けることを約束し、毎年八月一五日の聖母被昇天祭の行列を慣例化したのである。

一世紀後、コルシカは、「王」抜きの人民の意志で国を聖母に奉献した。しかも、その聖母はシンボリックな存在ではなく、「霊的、法的な元首としての実在の人格」と銘記されている。「神の祝福を」、「神のご加護を」という決まり文句とは一線を画したものだ。一七世紀イタリアの聖ジェロニモが聖母に捧げた宗教曲『Dio vi salvi, Regina（神よ女王を守りたまえ）』が国歌に制定された。コルシカ人の郷土愛は聖母マリアへの愛と一体になっていた。

ナポレオンと聖母

ナポレオンの生家ボナパルト家と聖母マリアの関係も深い。中世の先祖には「幸いなる乙女（マリアのこと）騎士団」のメンバーがいたし、一五九三年にアジャクシオに「慈悲のノートルダム大聖堂（カテドラル）」が建てられてからはその中の「ロザリオのマドンナ」チャペルがボナパルト家の代々の墓所となった。一六五六年に聖母はアジャクシオの守護聖女になった。一八世紀に独立戦争が勃発しても、ジェノヴァ共和国とフランス王がコルシカの権利について取引しても、コルシカの人々の聖母への信頼と帰依は変わらなかった。フランスもジェノヴァもローマ・カトリックの国であるから、信仰は政治上の権力争いに影響されないですんだ。

一七六九年八月一五日の聖母被昇天祭のミサを慈悲のノートルダム大聖堂で司式したのは、ナポレオンの大伯父に当たるリュシアン大司教である。コルシカにとどまった有力者たちは当然「親フランス」の立場を明確にした。その聖母被昇天祭の日にも、コルシカがフランス領となった一周年記念が同時に祝われた。そのセレモニーに出席していた大司教の姪レチィツィアは、突然陣痛に襲われた。ナポレオンはその日のうちに誕生した。ナポレオンがその大聖堂で洗礼を受けたのは二年後の一七七一年七月二一日だが、聖母マリアの加護を受けていると聞いて育ったのは間違いないだろう。聖母マリアを通して、コルシカへの郷土愛とフランスへの愛がナポレオンの中で重なり増幅した。

判事であったナポレオンの父は、もとはパスカル・パオリの副官を務めた独立派であったが、親フランスに転向して生き延び、ナポレオンが二歳の年にフランス貴族と同じ権利を獲得した。寝返りの罪悪感を持たずにすんだのは、変節しない聖母信仰のおかげかもしれない。

貴族となったことでヴェルサイユでの貴族議員の席と、次男を士官学校に入れる権利とを獲得できた（長男は聖職者になるのが慣例だった）。兄のジョセフと共にフランス本土の寄宿学校に入れられた九歳のナポレオンは、順調に士官学校に進んだ。機をうかがい転向してサヴァイヴァルを図る父親の現実主義と、子供たちの将来に投資する家長主義とは、ナポレオンに受け継がれた。

それなのに、聖母信仰やカトリック教会を排除するフランス革命をナポレオンが戦うことになったのは皮肉だ。フランス本土で教育を受けたナポレオンはルソーの著作を読むなど啓蒙思想の影響は受けていたものの、気持ちはいつもコルシカの「家族」にあった。一五歳で父が亡くなり家族の危機に直面してからは、革命が勃発した後もしばしばコルシカに帰り、内戦にも参加している。ナポレオンが「コルシカ離れ」するのは、家族がみなフランスに亡命を余儀なくされてからだ。

フランス革命の帰結として目指した普遍主義と、コルシカの旧家として身に染みている家族第一主義がナポレオンのうちに同居していて、それが後に彼の命取りになる。自由平等の民主主義社会の完成の果てに、世襲制の終身皇帝となって、あらゆる要職に自分の兄弟や親族を配するやり方は、フランス革命が否定したはずの王侯貴族と同じメンタリティだった。世継ぎの嫡出子を欲しいばかりに、皇后だったジョセフィーヌを離縁してオーストリアの皇女マリー・ルイーズと再婚したことも、共和国のロジックとは正反対であるヨーロッパ王族の姻戚ロジックにはまっていたことを示している。

フランス革命はカトリック教会を排除したので、ノートルダムは守護聖女の座を追われた。コルシカ島でも同じだった。しかし民衆にはカトリックの伝統が必要だと考えたナポレオンは、自らの権威づけのためにもローマ教会と和解してカトリックをフランスの宗教として復活させた。そのシンボルとして、ルイ一三世が国の行事として始めた八月一五日の聖母被昇天祭を復活させる代わりに聖ナポレオンの祝日として利用した。ナポレオンにとって、八月一五日の祝日を再開することは、コルシカ人の家族主義とフランスへの愛をもう一度両立させ、ヨーロッパの伝統的で正統な権威の世界にボナパルト家を参入させる担保であったのかもしれない。

カトリック普遍主義とナポレオン

ナポレオンがフランス革命を「成就」したと自らの活動を意味づけたにもかかわらず、フランス革命の理念としてあった普遍主義（人は地縁や血縁にかかわらず同じ自由と権利を有する）を成就することができなかったのはその強烈なコルシカ風家族主義ゆえだった。その意味では一八世紀後半のフランス本土の貴族や聖職者やブルジョワたちの方が、はるかに成熟した普遍主義者だったと言えるだろう。だからこそ地縁血縁主義からは生まれ得ないフランス革命が勃発したのだ。

和親条約や戴冠式などを経て終始ナポレオンに翻弄される形になったローマ教皇ピウス七世も、開明的な啓蒙思想家であるという点ではナポレオンよりもはるかに「時代の申し子」だった。ローマ教会は、イタリアの各都市国家の権力者の代理覇権争いの場と化していた時代もあり複雑な利権もあったが、宗教改革の時代を経て自浄を企て、開明的な教皇を擁する余地のあるシステムとなっていた。その一番の強みは、何よりもローマ教皇をはじめとする聖職者たちが、一代限りの独身制であり、教会法的には教会の僕であり自由人ですらないところにある。嫡子による「世襲」の誘惑はあり得ない。

同時に、カトリック教会は「民主的な組織」ではなく、首長であるローマ教皇に権力が集中しているから、その教皇が開明的であれば、思い切った革新も可能となる。姻戚関係が複雑に絡んだ「王朝」を倒す必要はない。カトリックとは「普遍」という意味で、民俗宗教と違って地縁血縁を問わずに信仰によってのみ救いを得られる普遍宗教だ。その強みをナポレオンは熟知していた。セント・ヘレナ島ではローマ教皇について、「聖ペトロ（最初のローマ教皇と見なされる）以降ローマ司教は三二代にわたって全員殉教している。ということは、少なくとも三世紀にわたってローマ教皇の座とは、そこに就く者にとって確実な死と同義であったわけだ（…）その戦いの間、地上の権力者たちはみな、貧しく身を守るすべもない人々を敵にしていた」と語っている。権力の獲得やその世襲の継承などとは別次元にある「聖なる権威」こそが永続するという真理をナポレオンは認識していたわけだ。

すべての人を平等に救済する共和国の普遍主義ユートピアは、理想に殉じる一代限りの覚悟なしには築けないことを彼は知っていた。和親条約の後、コルシカでは慈悲のノートルダム大聖堂が再び開かれた。家族主義の呪縛から逃れられなかったナポレオンは、永続する普遍主義を慈悲の聖母のイメージに託していたのかもしれない。

ナポレオンの甥であるナポレオン三世は、大統領時代の一八五二年二月一六日に、八月一五日の聖母被昇天祭を国家の祝日とする条例を出し、一八八〇年に第三共和国によって七月一四日の革命記念日に置き換えられるまで続けられた。一九五八年一〇月五日、ピレネー山麓のルルドで聖母が現われたという洞窟が安易な聖地になることを防ぐために地元が柵で封鎖しているのを解除したのもナポレオン三世だった。激動の二〇世紀にもローマ教会は存続し続け、二一世紀の今もルルドには世界中から巡礼者が集まり、八月一五日には聖母被昇天祭が祝われている。二〇一六年、革命記念日に起ったニースの遊歩道のテロ事件の後、厳戒態勢で祝われたルルドの聖母被昇天祭には例年より多くの人々が集まった。

ナポレオンの護教論

ナポレオンは、カトリック教会が初期の殉教の精神を受け継ぎながらとにもかくにも存続し続けてきたという事実に対して畏敬の念を抱き、考察してきた。結局すべての時代のあらゆる異端者たちが、啓蒙の世紀の世俗主義者《ライック》も含めて、教会を否定しつつも、教会の掲げるイエス・キリストだけは必要としてきたという事実をナポレオンは見逃さなかった。彼らにとってカトリック教会は「イエスの『真実』の教えを裏切っている」から有罪なのだ。それどころか反教権主義者たちはイエスのことを、最初のフリーメイスン、最初の革命家、最初の社会主義者などと呼んで自分たちの側に引き入れようとしたではないか。

ナポレオンは、イエスの後に続いた初期の信者たちが迫害され殉教したのにかかわらず、キリスト教がローマ帝国を、やがては世界を征服したことに注目する。セント・ヘレナ島でナポレオンと食卓を共にして会話を記録した無神論者のベルトラン将軍は、ナポレオンの宗教性に驚いた。ナポレオンといえば、みなが、「物質主義者、教会や修道院の略奪者、無宗教、不信心、反教権主義で教皇の監禁者」と決めつけ、広く認められている。ナポレオンが実際にカトリック教会を抑えつけたり人々の自由を制限したりしたことも事実だ。けれどもセント・ヘレナ島では懐疑主義者の将軍たちに向かって、「私はカトリックで（カトリック）教会の信ずるところのものを信ずる」と誇り高く明言した。どういうことだろう。ナポレオンは宗教的であっただけではなく、積極的に護教的立場をとってみせたのだ。ピウス七世を強制的にフランスに引き立ててきた経緯に対しても、ナポレオンは悲しそうに遺憾の意を表する。「教皇がフランスにいた時、私はフォンテーヌブローの素晴らしい宮殿と月一〇万クローネを与えた。たとえ外出しなくても彼と枢機卿たちのために常に一五台の馬車を待機させた。私が教皇を虐待したという誹謗中傷に、教皇も弱り果てて公式の場で否定している」。

これは事実だろうか。ナポレオンの失墜後、処刑もあり得た時にピウス七世が介入して救命嘆願をしたことやフランスを追われたナポレオンの家族をローマに迎え入れたことなどを考えると、大いに考えられることだ。記録されているナポレオンの会話に見られる神学的知識と考察の深さと広さから考えても、ナポレオンがピウス七世と宗教について語り合う機会があったことは十分考えられるし、そうすればナポレオンの心底にある信仰心の真正さを見抜く慧眼がピウス七世にあったことも想像に難くない。

ナポレオンは政治的軍事的な天才であり、その天才を権力と支配を固めることに使いはしたが、その明晰な頭脳は「真実の探求」にも向かわずにはおれなかった。歴史と哲学の教養も十分にあった。

家族が代々信仰してきたカトリック教会がフランス革命であっさりと排除されたり、和親条約で駆け引きをしたり、教皇が外交的な大きな力を持っているのを見たりしてきたことは、ナポレオンにカトリック教会とは何か、キリスト教とは何か、イエス・キリストとは何かなどを自問させるに値しただろう。

「『無限の存在』がある。それに比べるとベルトラン将軍、あなたは原子《アトム》に過ぎないし、私ナポレオンは真の無だ。分かるかね？　私はその神を感じる…見える…神が必要で、信じているのだ」などと言われたベルトランはさぞ驚いただろう。フランス革命後キリスト教を「卒業」したエリートたちはイエス・キリストを、「子なる神」などとは認めず、歴史上の偉大な人物、アレクサンダー大王やカエサル、マホメットと並べるのが常だった。そんなベルトランにナポレオンは語る。「私は人間というものを知っている。そしてイエスは人間でなかったとあなたに言おう。うわべしか見ない頭は、キリストと、帝国の創成者だの征服者だの異教の神々だのの間に似たところを見るだろう。実はそのような類似点などない。キリスト教と他の宗教の間には無限の距離がある」。

イエスの神性について

そう言われても、無神論的な相対主義思考の型にはまっているベルトランには理解できない。孔子もゾロアストルもジュピターもイエスもマホメットも、それぞれの時代を画した「偉人」の仲間だと反論する。ナポレオンはベルトランを将軍に任命したことをほとんど後悔してしまう、とため息をついた。孔子やゾロアストルなどの歴史上の偉人とキリストの違いは、キリストは神性を表しているが他はみなこの世の者であるところだとナポレオンは続ける。

「キリストは、そのすべてのメッセージを自分の死に託した。そんなことが人間に思いつけるだろうか?」

ベルトランがなおも、ナポレオンと同じ「軍神」ともいえるカエサルやアレクサンダー大王の名を出すと、ナポレオンは苛立って答えた。

「ではカエサルの帝国は何年続いたかね? アレクサンダー大王の兵士たちの熱狂はいったいどのくらい続いたかね?(…)人々は移り変わり、王座は崩れ去る。しかし教会は立ったままだ。ではいったいどんな力が、世界中から怒りや侮蔑のたけり狂う大洋に襲われるこの教会を支えているのだろうか」。

ナポレオンは一人でまくしたてた。

「ちょうど真ん中なんてあり得ない。キリストは詐欺師か、さもなければ神だ(…)イエスは私たちの信仰に一続きの神秘《ミステール》を与える。その一番が、『私は神である』という謎の宣言で、この言葉によって他の宗教との間に超えられぬ溝を掘ったのだ」。

正確に言えばイエスが自分で「私は神である」と言った記録はないが、たとえば「私と父(なる神)一つである。(ヨハネ一〇、三〇)」とは言った。その後で、イエスを石で打ち殺そうとしたユダヤ人たちに、イエスが「わたしは、父が与えてくださった多くの善い業をあなたたちに示した。その中のどの業のために、石で打ち殺そうとするのか」と聞いた時に、ユダヤ人たちは「善い業のことで、石で打ち殺すのではない。神を冒瀆したからだ。あなたは、人間なのに、自分を神としているからだ（ヨハネ一〇、三三）」と答えている。イエスが神を自称したと受け取られていたのは間違いがない。そしてイエスはそれを否定しなかった。

イエスが他の宗教における教祖だの預言者だの創始者だのとは違って、「人間でありながら神そのものでもあった」というキリスト教を、ナポレオンは信じていた。だからこそ、たとえ自分がイエスやアレクサンダー大王やカエサルのような「偉大な男」だとベルトラン将軍に賞賛された時も、頭を振った。「イエスが偉大な男の一人だって？」ナポレオンは続ける。「私の軍隊はもう私のことを忘れた、私はまだ生きているというのに（…）。偉大な男などと言われる我々の力なんてその程度のものだ！　たった一度の敗戦が我々をばらばらにして、敵が我々の友をすべて奪い去る」。「その反対に、キリストはいつまでもいるが、彼の後、今の敵はキリスト教徒などとは言えまい。現代の相対主義は世俗化したキリスト教異端の一つだからだ」。

ナポレオンは自分が皇帝の座についていた時は、人間というものを尊重《リスペクト》し過ぎていたし、自分の信仰を声高に語ることについては過剰に慎重だったと素直に認めた。「けれどももし誰かが私にはっきりと問うことがあれば、私は『自分はキリスト教徒だ』と答えていただろう、そしてもし自分の信仰の証《あか》しをするために命を賭けなければならなかったとしたら、私はそうする勇気を持つことができたと思う」。

これは、コルシカ出身で高位聖職者が身近な親戚であった男の言葉としては驚くほどのものではないが、ローマ教皇の許可もなく帝国公教要理を発布して子供たちに「支配者たち、特に私たちの皇帝であるナポレオン一世に対するキリスト教徒の義務は何ですか？　――愛。尊敬。服従。忠誠。兵役。帝国の防衛と存続のために命じられる納税。私たちはナポレオン一世の救いのために熱烈な祈りを捧げます。」と繰り返させた独裁者の言葉としては、意外であり真意を探りたくなる。公教要理はさらに「ナポレオンこそは地上における神の姿であり、皇帝を敬い皇帝に仕えることは神を敬い神に仕えることになる」とまで言っているのだ。

ナポレオンの信仰の真実

ナポレオンはイエスのように「私は神である」と明言したと言えるのだろうか。ナポレオンは単純な誇大妄想狂などではない。彼がフランスのマジョリティ宗教であるカトリックの名のもとに自分を神の代理人としたのは、宗教教育よりも市民教育を重要視したからだろう。民衆の社会平和と欲望の規制のためにはカトリックというテンプレートが必要だった。キリスト教にはその実績があるとナポレオンは認めていた。「キリスト教は物質よりも精神を、肉体よりも魂を上に置くことで人を引き上げる。それはギリシアのストア哲学の系譜から生まれたものだ。ソクラテスが、プラトンが、フラミニウスやスキピオ（いずれも共和制ローマの軍人や総督）に勝利したのだ」とセント・ヘレナ島で語るナポレオンは、戦いによる制圧の後の平和の実現には精神的なものが必要だと心得ていたのだ。

ナポレオンにとって宗教や信仰の帰属とは決して思想やイデオロギーではなく、救済という使命の永遠の有効性を十字架上の死という「奇妙な徴し」に託したイエス・キリストだった。最後の晩餐の重要性やカトリックとプロテスタントの教義の違いや、キリスト教の本質と各種の教義の間にある距離への考察についてベルトラン将軍に語るナポレオンの言葉には深い神学的教養がうかがえる。「キリストのなした最も偉大な奇跡は愛の王国を創ったことだ。彼だけが、人の心を想像できないもの、時を無化する高みに引き上げ、彼だけがその犠牲をなすことで天と地の間の絆を回復した。彼を信じるすべての者はこの途方もない、高潔な、超自然の愛を感じることができる、それは説明不可能な現象、理性には不可能な愛なのだ」とナポレオンが語る時、それはすでに平凡な護教論の域を超え、彼自身が自分の信仰について考え抜いた末に、浅薄な合理主義とは別の成熟した知性にたどり着いたかのように響く。

民衆に姿を見せる演出をもはや必要としない孤島から、イギリス政府に対してセント・ヘレナでの日曜のミサの許可を強く要求したナポレオンは、自分がカトリック信仰の高みに達したのは実の母とナント司教デュヴォワザン（一七四四―一八一三）のおかげだと感謝している。デュヴォワザンとは、ソルボンヌの神学者であったが、フランス革命でカトリック教会に背くことをよしとせず一七九二年に国外亡命した人で、ナポレオンによるカトリック教会との和親条約（一八〇一）の後で戻ってきた。翌年ナントの司教に任命され一八一〇年には皇后マリー・ルイーズ付き司祭に重用されたほどで、ナポレオンが傾倒していたことがうかがえる。

一八〇九年にピウス七世をヴァチカンから拉致してサヴォーナやフォンテーヌブローに幽閉した時、ナポレオンはこのデュヴォワザンを教皇のもとに送り、つき従わせた。ピウス七世にプレッシャーを与えるためにナポレオン派の司教がいたのは確実だが、一八〇五年に『寛容について』を著し、ナポレオンをカトリック信仰に導いたというデュヴォワザンの役割は「ナポレオンの良心」だったのかもしれない。

セント・ヘレナ島でのナポレオンがイギリス総督ハドソン・ローから屈辱的な扱いを受けたのは有名だ。しかし失墜した皇帝は、死ぬ前に「私を裏切ったすべての人間を赦す」と明言している。彼が、もはや脱出の見込みのない孤島での死を覚悟した時に、殉教者として、自らの境遇をイエス・キリストに重ねた犠牲としてセルフ・プロデュースを試みたことは事実だろう。しかしそれは傲慢や虚栄の続きではなく、寛容の獲得によってのみ得られたものだった。

信仰の成熟

ナポレオンのカトリック教徒としての「成熟」は、ピウス七世との出会いなしには生まれなかった。穏やかで怯懦《きょうだ》にさえ見えるローマ教会の首長は、力づくでヴァチカンから拉致され、フォンテーヌブローに閉じ込められ、脅されたりすかされたりしても、決して態度を変えなかった。他の権力者たちには通用したすべての懐柔策や煽動や脅迫や交換条件の交渉などが全く通じなかった。ピウス七世は「異種」だった。他の世俗権力者がナポレオン自身も含めて自らの「王朝」の継続の中に「栄光」を完成しようとしているのに対し、独身であり「神のしもべ」として神の栄光の中に自分の使命を完成しようとしている教皇には、同じ言葉が通用しなかった。

けれども、先に述べたように、この二人には共通点があった。

ローマ・カトリック教会が自由と平等と平和を目指すキリスト教の精神から遠く離れているばかりか、何世紀にもわたって世俗の権力者との間に緊密な共犯関係を築き、富と権力の蓄積の中でキリスト教の土台を蝕んでいったという事実を認識していたことである。

啓蒙の世紀とフランス革命が、ピウス七世とナポレオンという天才にその洞察を与えた。「キリスト教を、キリスト教の名を騙る異端者たちの手から取り戻す」という新しい時代の光を二人は感知した。フランス本土の出身ですらなく既得権益に縛られないナポレオンは、王たちが自分たちの権利の担保として掲げる神の偶像を壊し、人々を解放しようとした。ピウス七世も、カトリックがキリスト教の初心に戻るような改革を夢見た。しかし、フランス革命がカトリック教会を破壊し迫害し、徹底的に陰惨な恐怖政治へ向かったことに衝撃を受けた。けれども絶望的な状況で自分が教皇に選ばれた時に、フランスにカトリック教会を復興させようと考えるナポレオンの意図を知り、驚いた。そのような権力者が出てくることなど考えもしなかったからだ。ピウス七世はナポレオンに共感した。そしてナポレオンの方も、王でもない自分を理解し共感できる能力を持つ教皇の存在に驚いた。

独裁者となったナポレオンは教皇を自分の思い通りに動かせないことに苛立ち、怒り、拉致などの強硬手段に出た。「自分が神となること」を統治の基盤に置くという方針にとって教皇はいまや最大の障害物となっていたからだ。「意志の固まり」のようなナポレオンに対して、従順そうで気が弱そうなピウス七世は、ナポレオンに服従はしないにしても、幽閉生活の中で精神を病みウツ状態になってもおかしくはなかった。ここで想起されるのは一三〇三年のアナーニ事件だ。教皇が宗教的にも世俗的にも王や皇帝に勝る最高権力を持つという教皇至上主義の回勅を発したボニファティウス八世は、フランス王フィリップ四世と対立して王を異端として破門した。フランス軍がイタリアに攻め入り、ボニファティウス八世は故郷の小都市アナーニに逃げ込んだが捕らえられた。救出されたものの、当時六八歳だった教皇はトラウマから回復できず、三週間後に「憤死」したと伝えられる。ピウス七世がナポレオンの命令で捕えられ、幽閉されて「逆破門」を宣告された一八一一年、ピウス七世はボニファティウス八世と同じ六八歳だった。この時に教皇が憤死するか、ウツ状態に陥ってナポレオンの言うなりになったり判断力を失ったりしても不思議ではなかった。それをも辞さない強権発動だった。ピウス七世は持ちこたえた。彼は、自らが弱い立場に追いやられれば追いやられるほど、十字架上の受難のキリストを思い、自分を無にして神のみ旨に身を捧げるというロジックを持った宗教の長だった。セント・ヘレナ島のナポレオンは、自らの福音書を書き、叙事詩を完成しようとしたが、囚われの身のピウス七世は超越的な価値へ目を向けた。聖書の中にはイエス・キリストの受難だけではなく、初期キリスト教徒の苦難に対する力づけの言葉がたくさんある。

「ヘブライ人への手紙」の一二章を見てみよう。

こういうわけで、わたしたちもまた、このようにおびただしい証人の群れに囲まれている以上、すべての重荷や絡みつく罪をかなぐり捨てて、自分に定められている競走を忍耐強く走り抜こうではありませんか、

信仰の創始者また完成者であるイエスを見つめながら。このイエスは、御自身の前にある喜びを捨て、恥をもいとわないで十字架の死を耐え忍び、神の玉座の右にお座りになったのです。

あなたがたが、気力を失い疲れ果ててしまわないように、御自分に対する罪人たちのこのような反抗を忍耐された方のことを、よく考えなさい。

あなたがたはまだ、罪と戦って血を流すまで抵抗したことがありません。また、子供たちに対するようにあなたがたに話されている次の勧告を忘れています。「わが子よ、主の鍛錬を軽んじてはいけない。主から懲らしめられても、／力を落としてはいけない。なぜなら、主は愛する者を鍛え、／子として受け入れる者を皆、／鞭打たれるからである。」あなたがたは、これを鍛錬として忍耐しなさい。神は、あなたがたを子として取り扱っておられます。いったい、父から鍛えられない子があるでしょうか。もしだれもが受ける鍛錬を受けていないとすれば、それこそ、あなたがたは庶子であって、実の子ではありません。（…）

霊の父はわたしたちの益となるように、御自分の神聖にあずからせる目的でわたしたちを鍛えられるのです。

およそ鍛錬というものは、当座は喜ばしいものではなく、悲しいものと思われるのですが、後になるとそれで鍛え上げられた人々に、義という平和に満ちた実を結ばせるのです。だから、萎えた手と弱くなったひざをまっすぐにしなさい。

キイワードは「鍛錬」と「忍耐」であり、それが神の聖性にあずかる子としての道である。地上の人間の罪を贖《あがな》うために犠牲になったキリストの磔刑像は、いつも教皇のそばにあり、ワインと聖体パンでキリストの血と肉を分け合う聖餐は毎日行うことができた。

「逆破門」を通告された後、一八一二年六月一九日、つらいアルプス越えの後、疲れ果ててフォンテーヌブロー城にやってきた教皇は、八年前の戴冠式の時に用意されていたチャペルと居室を再び目にした。チャペルは革命前にアルトワ伯夫妻のアパルトマンであったものを改装したものだった。一八〇七年にナポレオンはトラファルガーの海戦まで同盟を結んでいたスペイン王カルロス四世を翌年フランスに迎えるため、フォンテーヌブローの聖堂一つを改装して三万冊の蔵書を備える図書室を設置させた。カルロス四世は王権神授説の信奉者でカトリックである。一八一〇年には室長として作家のシャルル・レマールを任命した。そのレマールが、フォンテーヌブローに軟禁された教皇や枢機卿たちのためにあらためて本を準備し、教皇たちのリクエストに答えた。教皇が試練を耐え忍ぶのに役立つ「霊的書物」は事欠かなかった。アパルトマンには五〇センチほどの黒檀の十字架にかけられた象牙のキリスト磔刑像があり、金貼りのセーブル焼の花瓶には逮捕の前夜オリーヴ山で一人祈るイエスの図柄があった。金貼りの銀製の聖杯は一八〇四年に用意されたものだった。

二メートルの長さの新しい祭壇があった。前面の周囲にはキリストの血と肉を象徴するブドウの木と実と小麦の穂があしらわれ、中央には聖書の上に置かれた十字架の中心部に、首を乗せ脚を折って横たわる金の子羊の浮彫が施されていた。それは、信仰篤いハプスブルク家から嫁いでくるマリー＝ルイーズのために特注したもので、一八一〇年に速攻で造らせた、どこでもミサが挙げられる「移動可能な祭壇」だった。

「王権」を担保するような偶像の神から民衆を「解放」すると決意していたナポレオンは、自分が「神」になるために王たち、皇帝たちの権威を必要とし、カトリック教会の典礼のすべての小道具を用意していたのだ。偶像の神や堕落した教会と世俗の権威の癒着や霊的な崩壊についてナポレオンと同様に明断な問題意識を持っていたピウス七世は、外部から遮断されたフォンテーヌブローの居住空間で、それらの聖なる装置に支えられて正気を保ち、半裸の姿で苦しむキリストの姿を通して「キリストに倣う」伝統に力づけられた。

二〇一三年にロシアから戻ったナポレオンから意にそわぬ条約にいったんは署名させられたが、その苦しみは囚われのイエスを見捨てたペトロの姿に重ねられ、自分の弱さを恥じて条約を破棄することになったことは前述のとおりである。

この時の教皇の姿をナポレオンは観察していた。世俗のどのような王侯貴族よりも誠実な、ピウス七世の苦渋に満ちた深い信仰を理解し、驚き、尊敬した。「聖性」の語法が受肉しているのを見た。ピウス七世の譲歩が、ナポレオンの脅しに負けたり心が折れたりしたからではなく、知的な選択によって十字架のイエスの姿に倣っていることを理解した。

「キリストは、神の身分でありながら、神と等しい者であることに固執しようとは思わず、かえって自分を無にして、僕の身分になり、人間と同じ者になられました。人間の姿で現われ、へりくだって、死に至るまで、それも十字架の死に至るまで従順でした。」（フィリピの信徒への手紙 二、六―八）という形においてのみ、ピウス七世はナポレオンに従順だった。

「全知全能の神」の名において、自らの権威と権能を正当化することを当然のごとく死守するヨーロッパの王侯貴族たちとは対極にあるキリスト教の逆説の真骨頂を看破する知性と感受性を、ナポレオンは備えていたのである。

この時のピウス七世との邂逅《かいこう》がなければ、コルシカ島で生まれセント・ヘレナ島で「神」となるナポレオンの叙事詩は決して完成しなかっただろう。王政復古や第二帝政、二度の世界大戦の戦火をくぐったフランス、恒久平和を求めて共同体になろうと模索する二一世紀の東西ヨーロッパで、いまだなおナポレオンの「英雄神話」が語り続けられることはなかっただろう。

4. ナポレオンと一神教

ナポレオンとイスラム

「私はエジプトではマホメット教だった。ここでは民衆のためにカトリック信者となるだろう」と、ナポレオンがローマ教会との和親条約の数週間前に言ったことはよく知られている。これは、彼の究極のプラグマティズムを表しているのだろうか。

イスラムの旧植民地国からの移民が多く、移民二世三世がフランスの二重国籍を簡単に取得できるフランスでは、今でも「ナポレオンは実はエジプトでイスラムに改宗していた」とか、「ナポレオンはイスラムを宗教として最も高く評価していた」という類の話題が持ち上がる。

その根拠として最もよく引き合いに出されるのが、一七九八年八月二八日にシェイク・エル＝メッシリにあてた手紙だ。「クレベール将軍からあなたについての報告を受けました。完全に満足しています。(…) できるだけ早くこの国の賢人、教養人を結集して、人々の幸福を実現する唯一の真実のコーランの原則に則った一貫した体制を築けることを望んでいます」。

これは、その国に適した地元の宗教や慣習を利用して、無理のない統治を実現するという戦略に基づいたリップサービスとして解釈することもできなくはない。実際、フランスにカトリックを再導入する前にも「宗教のない社会は羅針盤のない船のようなものである」と言っているからだ。また、ヴァンデの戦争で疲弊したヴァンデを帝国に組み入れるために、コンコルダでカトリックを回復した後でヴァンデに行って、「私もヴァンデに生まれたかった」と言っている。臨機応変の迎合も厭わなかったと思われる。

イスラム過激派によるテロの続く今のフランスでも、しナポレオンが大統領だったならば、迷わず「わたしはシャルリー」と言って行進した後で、パリのモスクにも赴いて「私もムスリムに生まれたかった」などと言っているかもしれない。

ナポレオンが実体験としてイスラム世界と初めて接したのは、エジプト遠征（一七九八—九九）の折だった。六月二二日、エジプトに向かう戦艦オリエント号の中で、すでに親イスラムの方針を兵士に演説した。「これから我々が生活を共にする民衆はマホメット教（イスラム）である。（…）彼らに逆らってはいけない。ユダヤ人やイタリア人たちにしたように彼らに合わせなさい。ラビや司教たちにそうしたように、彼らのムフティーやイマム（いずれも宗教指導者）に敬意を払いなさい」。（現地の民衆の警戒を解き共感を得るというこの方針は、後のスペイン戦争のときには顧みられなかった。権力の大きさと実効によって変わる、プラグマティックなものであったことがわかる。）

アレキサンドリアに到着してすぐに、彼は異国の文化、特に日に五度も繰り返される祈りの呼びかけやコーランの教えなどのイスラムの伝統に強く興味を引かれた。ナポレオンのような好奇心と探究心の持ち主にとっては、「戦略」とは別に純粋にイスラム教やムハンマドへの関心が生まれそれを深めたことは不思議ではない。七月二日、アレキサンドリアの民衆の前に現われたナポレオンは、「エジプトの人民よ、私があなた方の地域を破壊しにきたという者がいるだろう。信じてはいけない！私は強奪者（マムルーク）を罰してあなた方の権利を取り戻すために来た。私はマムルークたちよりも神と神の預言者とコーランを尊重している。」と演説した。その後も、イスラム風の頭巾とカフタン（長上衣）を身につけて、自分は「イスラムの過去の栄光を修復するために使わされたマホメットの使徒である」とまで言い、飲酒禁止と割礼義務を伴わない限り兵士たちの大量改宗を推奨さえした。

エジプト遠征の将軍としてのナポレオンは、一七九九年七月にアブキールの戦いでイギリスを後ろ盾にしたオスマン・トルコの大軍に圧勝した。戦いの終わった夜、クレベールは「将軍、あなたは世界のように偉大です、しかしながら世界はあなたにとって十分大きくはありません！」と絶賛した。しかしこの後八月二三日にはナポレオンはクレベールを残してフランスに引き上げ、エジプトでの覇権争いは結局イギリスの勝利に終わった。ナポレオン自身がエジプトにいた時期は長くはない。ナポレオンのイスラム高評価の証拠として次に引用されるのは、失墜後に流されたセント・ヘレナ島での証言である。

『セント・ヘレナの日記』の中でナポレオンは、アブラハムを起源とする三つの一神教についてこう語る。まず、ユダヤ教だが、ユダヤ人たちはモーセのメッセージを「神に選ばれた民」だけのものに固定してしまったことが間違いだった。それに対して、ユダヤ教から派生しながら、地縁血縁を問わない普遍的な教えを説いたイエスはすばらしかったが、残念なことにキリスト教は「ローマの政治家たちのグループ」に民衆を管理する道具として利用されてしまった。神の唯一性を、キリスト教がデフォルメして三位一体としたこともキリスト教の変質だった。その後でイスラム教が生まれる。「ついに、歴史のある時点でマホメットと呼ばれる男が現われた。そしてこの男はモーセやイエスや他のすべての予言者たちと同じことを言った。すなわち、神はひとつである（アッラーの他に神はなし）ということだ」。

一神教が一神教としてついにシンプルで純粋になったことを、ナポレオンは認める。「イスラムは本当の宗教だ。人は、書物を読めば読むほど、知性的になればなるほど、論理や道理が分かってくる。そうすると、偶像や多神教の儀礼を捨てて、神は一つしかないことが分かるだろう。というわけで、私はイスラムが世界で優勢になる時代を期待する」。

啓蒙のシンボルとしての一神教

これはいったい何を示しているのだろう。ナポレオンがイスラム教に帰依したというわけではない。彼はキリスト教が、最初は迫害されていたにもかかわらず、ローマの支配者の政治の道具として採用され利用された歴史を知っていた。その歴史に学んだからこそ自分もカトリックの信仰を統治の道具にしようとしたのだ。

イスラム教はヨーロッパの外部の宗教であったから、そのような手垢はついていない。ナポレオンがセント・ヘレナ島で「キリスト教は懲罰的」で「イスラム教は約束」の宗教だと言ったのも、当時のヨーロッパにおけるキリスト教の実態の観察に基づいた言葉だった。

また、ローマ・ギリシアとケルト・ゲルマンの多神教ヨーロッパに根づいたキリスト教は、布教に当たって各地の古い信仰を聖人崇敬の形で置き換えている。民衆信仰のレベルでは多神教メンタリティは消えたことがなかった。だからこそ、聖像破壊《イコノクラスム》の運動があったり、プロテスタントの宗教改革があったりしたのだ。

それに対してイスラム教は画像を認めず、徹底的な偶像破壊を進め、預言者の顔を描くことさえ許さなかった。その徹底ぶりは、啓蒙の世紀の進歩史観の申し子であったナポレオンにとって、一神教がようやくたどり着いた進化形だと映ったのかもしれない。その少し後で、「私はマホメットの宗教の方が好みだ。あれは私たちの宗教よりも馬鹿げていないからだ」（一八一七／八／二八）と言ったのも、同じ意味だろう。もっとも、「マホメットは聖書と神への生得の信仰に立脚している部分にのみ信頼がおけて、それ以外ではコーランは支配と政治的浸透の大胆なシステムである」とも言っているのは、ナポレオンのイスラム理解が単純なものではなかったことを示している。

ともかく、啓蒙の世紀の申し子でもあったナポレオンは、イエス・キリストへの畏敬やカトリック教会の強靭さへの感嘆の念とは別に、宗教の名のもとに偶像にすがる民衆の異教的でプリミティヴな信心ぶりを、馬鹿げたものだと思っていたわけだ。自らもそれを社会の秩序維持に利用したものの、心の底では、一神教の名にもとる多神教ではないかと嘆いていた。彼が皇帝として民衆の神への崇拝を自分に向けてまとめあげたのは、真の一神教への帰還をめざしたところに独裁が重なった現象だともいえよう。

しかし、そもそも一神教は、迷信のはびこる多神教の世界の蒙昧を排除するような形で生まれてきた。偶像崇拝のあるところでは必ず「ご利益を取り次ぐ」タイプの祭司などが現われて、私腹を肥やしたり利権を広げたりする。迷信の脅しは人々の判断能力を奪い、弱者を神の犠牲に供するなど、人命に軽重の差が生まれる。キリスト教が迫害されていたローマ世界はまさにそのような多神教が林立していて、儀式や供物のシステムは極めて煩雑なものになっていた。そんな中で、特定の神や人間を拝まないキリスト教は「無神論」だと言って批判されていたが、結局ローマ帝国を「一神教」にまとめることのコスト・パフォーマンスが優れていると評価されたわけである。

キリスト教は各種の神のお告げや占いなどを禁じた。それはイスラム教も同じで、初期の仏教も同様だ。人々が未来を知りたがったり、不幸の理由を知りたがったり、幸福を買おうとしたり、他人の不幸を願ったりするのは古今東西共通した心性で、だからこそそれを利用した詐欺師やペテン師が絶えず、その犠牲になる人も絶えない。そのような社会に倫理を基盤とした超越的な普遍価値を提供して共通善と救いを与えたのが一神教だった。

迷信を廃して自由意思を尊重し自立と人格の完成を目指すタイプの真の宗教は、迷信の囚われから人を解放する。啓蒙思想家たちはそれを理解していた。だからこそ、支配者の道具と化し、迷信と化したキリスト教とその欺瞞装置である教会を捨て、真の一神教を求めて理神論《ディスム》へと進み、果ては無神論的共和国主義へと向かったわけである。ナポレオンも同じことを考えたが、一方で、彼のキリスト教神学の造詣は、真のキリスト教やカトリックの価値をも理解させていたのだ。

皮肉なことに二一世紀の今、ナポレオンの予感は当たったと言える。なぜなら、宗教離れしている先進国ほど、迷信や占いや超能力やオカルトや現世利益の誘惑をそそる偽宗教がはびこっているからだ。まさに一神教以前の蒙昧の心性と合理主義が混在している。そして、ナポレオンが一神教の純粋な進化形として期待をかけたイスラム教はといえば、今や部族間抗争や経済の不均衡に発する憎しみや暴力の発露の口実として使われたり非難の対象にされたりしているありさまだ。

アブダラ・ムヌーの冒険

ナポレオンがエジプトでイスラムに改宗したなどということがあり得ないとしても、彼の将軍の一人にイスラムの改宗者が出たことはよく知られている。

それは古い騎士の家柄のムヌー男爵ジャック＝フランソワ・ド・ブセイ（一七五〇―一八一〇）で、ナポレオン戦争の功労者としてパリの凱旋門にも名が刻まれている。もともと名門の貴族で革命政府の貴族議員だったが、ロベスピエールの失脚後に穏健派として活動し、ナポレオンに認められてエジプト遠征に加わった。アレキサンドリア制圧で功績を残し、ナポレオンの帝政下で新たに帝国貴族として認定された。

ナポレオンと共にエジプト遠征に向かったこの人が、なぜイスラムに改宗したかというと、エジプト女性に惚れて結婚するためだった。イスラム教の女性は異教徒と結婚することができない。今のフランスでも、マグレブの移民二世の女性などと結婚するフランス人は近くのモスクに出向いて改宗の手続き（アッラーの他に神はなしという信仰告白など）をしなくてはならない（サッカーのスター選手フランク・リベリの改宗が有名だ）。

ムヌーの花嫁の父親はロゼッタで公共浴場を経営する資産家であった。当時のエジプトの公共浴場はローマ時代のそれと同様に民衆の社交場だった。自宅に浴場を持つ権力者たちも会合の場とし公共浴場を借り切った。タオルを巻いて香を焚きこめた浴場に出向き、召使に垢すりをしてもらった後で熱い湯と水とに交互につかり、香油を刷り込みながらみなで食事をし、歌曲の演奏も手配されたと、ナポレオン軍が当時のエジプトの文化や風習を記録した本に書かれている。

ムヌーの改宗にあたってはイスラムのイマムの特別の配慮が与えられた。信仰告白の他に、普通はムスリムの男性には子供の頃に割礼が義務付けられている。飲酒もご法度であった。ムヌーは割礼を強要されず、ワインを飲むことを許された。このような柔軟な対応の背景には、前述したように、エジプトのムスリムの宗教感情の深さをナポレオンが把握して尊重《リスペクト》し、協力者として対等でプラグマティックな関係を結ぶことに成功していたからだろう。

ムヌーは改宗をすませて一七九九年三月二五日にゾベイダと結婚（四九歳初婚）。アブダラ・ムヌーと名乗ることになった。フランスでキリスト教が排除されていた時代だから、男爵の方に「改宗」の問題はなかったのだろう。

一八〇〇年六月四日、ナポレオンからエジプトを任されていたクレベール将軍がシリアから来た狂信者に暗殺され、ムヌーは最も古参の将軍として後を継ぎ、一八〇一年二月までエジプトを治めた。しかし三月にやってきたイギリスの大艦隊の前に撤退を余儀なくされてフランスに戻った。

一八〇二年五月にナポレオンから法制審議員に任命され、一二月にはピエモンテの総督となり、後にトスカーナとヴェニスの総督になり、レジオン・ドヌールのグラン・オフィシェと帝国の伯爵号も授与された。トリノのアカデミーに入会した挨拶ではルイ一四世の治世を賞賛し、同時に、「真の偉大さは民衆の幸福の上にしか築けないと理解した英雄（ナポレオン）」を賞賛してナポレオンの信頼に応えた。行政官としては手腕を発揮することなく、トスカーナ総督時代の注目すべき業績は、オリエント式の浴場を建設したことだけだったという。ロゼッタで生まれた一人息子がその風呂に入ったかどうかは、分からない。

ナポレオンとユダヤ教

フランス革命の起こった一七八九年、絶対王政から立憲君主制へと移行するための憲法制定の第一段階として人権宣言が採択され、「全ての市民は、法の下の平等にあり、彼らの能力に従って彼らの徳や才能以上の差別なしに、全ての公的な位階、地位、職に対して平等に資格を持つ」とされた。しかしこの時点では「市民」の中には女性もユダヤ人も有色人種も含まれていなかった。一七九一年六月、パリから逃亡してヴァレンヌで捕えられ幽閉されることになったルイ一六世は、三ヵ月後に憲法に宣誓してフランス国王から「フランス人の王」となる。

九月二七日、ジャコバン党員で国会前議長であったパリの貴族アドリアン・デュポールが提起したある法案が、大多数の賛成により採択された。すべてのユダヤ人に完全な市民権を与えるというものだ。その法案は一七八九年一二月にすでに提出されたが、アルザス・ロレーヌのユダヤ人については適用されずに保留されていたものだ。デュポールは、「（憲法に謳われた）信教の自由は、宗教の違いによる市民の法的権利に差をつけることをもはや許さない。ユダヤ人の政治的権利行使の問題は保留されていた。一方、トルコ人、ムスリム、すべての信者たちはフランスで政治的権利を享受している。私は保留が破棄され、その結果としてユダヤ人たちがフランスで能動的な政治の権利を享受することを提案する」と演説し、議会から拍手で迎えられた。法案に対する議論は、憲法に異議を唱えるものであるとして許されず、提出された法案は数分のうちに可決された。フランス在住のユダヤ人にとって、それは夢のような瞬間だった。それまで「ドイツ系ユダヤ人」とか「ポルトガル系ユダヤ人」などと分類されていた彼らが、すべて「フランスのユダヤ人」となったのだ。その歓喜が、彼らの多くを愛国者に変えた。ユダヤ聖職者であるラビや農村地帯のユダヤ人からは警戒の声も上がったが、都市部にいるユダヤ人は共和国主義を歓迎した。

アンシャン・レジーム（旧体制）の懐古主義者や左派の一部の抵抗を押し切っての「憲法」遵守によるユダヤ人市民権は、その後、オランダ、スイス、プロシア公国などが同じ道を歩む嚆矢《こうし》となった。一七八〇代の終わりの時点で、いまだ参政権を与えられない状態で暮らしていたフランスの約四万人のすべてのユダヤ人たちは、この日を待っていた。一三九四年にシャルル六世によってユダヤ人追放令が出てから、その半数以上はアルザス・ロレーヌ地方に住んでいたが、この地方で高利貸しを営むユダヤ人は住民たちから憎まれていた。残りは中世以来、フランス南西部と一七九〇年にフランスに併合されたアヴィニヨン教皇領で比較的平和に共生していたが、パリには五百人程度しか残っていなかった。

ユダヤ人差別は、すでに一八世紀の啓蒙の時代における自然権の平等理念とは相容れない状態だった。一七八七年にメッツの王立科学芸術協会は「ユダヤ人をフランスでより有用でより幸福にする方法はあるか?」というテーマで論文を公募した。翌年、受賞したのはアベ・アンリ・グレゴワールの『ユダヤ人の肉体的、道徳的、政治的再生について』という論文だった。カトリック神父のアベ・グレゴワールは一七九一年五月に奴隷解放令を通過させた人として有名で、フランス革命の発端である三部会にも属し、人権宣言の「人はすべて権利において自由で平等に生まれ、生きる」という文を起草した人でもある。彼のユダヤ人についての論文は、世俗的な屈辱に耐え続けてきたことが彼らを堕落させたという解釈であり、中世以来の偏見に満ちてはいたが、ユダヤ人の生存条件の向上という視点そのものは新しい時代のものだった。

一七九〇年一月二八日、ポルトガル系、スペイン系、アヴィニヨンとパリのユダヤ人に市民権が与えられた。二月一三日、聖職者の終身誓願が解かれ、修道院が閉鎖され、八月二四日に、聖職者を共和国の公務員とする聖職者公民憲章が成立した。アベ・グレゴワールは、カトリック神父として最初に宣誓署名した。聖書以外のものに宣誓することを拒否した聖職者たちは排斥され、アベ・グレゴワールは公民聖職者としてブロワの議員司教に選出された。

ナポレオンは一八〇二年に奴隷解放令を廃止したが、ユダヤ人の解放は帝国に移行した後も維持された。すでに一七九七年、イタリア遠征途上の将軍ボナパルトはアドリア海に面したアンコーナで、夜になると門が閉ざされるユダヤ人のゲットーをはじめて目にした。男も女も黄色い帽子を被りダビデの星の腕章をつけていた。その姿に衝撃を受けたナポレオンはすぐさま、彼らにユダヤ人の徴ではなくトリコロールの薔薇型略章《ロゼット》をつけさせるように手配した。

その時点では、ユダヤ人がフランスにおいて市民権を得てからすでに数年が経過していた。ナポレオンの率いていたのは、フランスの市民の志願兵からなる軍隊だった。アンシャン・レジーム下の軍隊は貴族の子弟や傭兵や個人の志願兵からなっていたが、一七九二年にジャコバン政府は「祖国の危機」を訴えて、居住地での入隊を市民に広く呼びかけた。けれども、それは見かけ上は平等であったものの実際は身分によっての差別があり、除隊する者も少なくなかった。ナポレオンのイタリア遠征の翌年、一七九八年九月五日に、議員でありフレルスの戦いの勝者であるジャン＝バチスト・ジュルダンが新しい徴兵制法を提出して採択された。「すべてのフランス人は兵士であり祖国の防衛の義務を負う」とされ、二〇歳から二五歳の市民は五年の兵役を課せられることになった。

ユダヤ人兵士

ユダヤ人が市民権を得たアルザスではすでに、一七九三年三月のストラスブールにおいては、二三人の志願兵のうちユダヤ人が八人いて、安息日である土曜にも武器を持つことに同意していた。その働きは目覚ましく、一六歳で志願した砲兵アンリケが、味方が態勢を立て直すためにひとりで敵と向かい合ったという功績が今も伝わっている。パリでは百人以上のユダヤ市民が国防軍で戦ったと言われ、ダコスタ将官、オンベール、マイヤーらの士官がその功績を讃えられた。イタリアでユダヤ人ゲットーを見て衝撃を受けたナポレオンの軍にも、すでにアルザス出身のユダヤ人志願兵が加わっていた。一七九三年にやはり一六歳で志願して小銃兵としてナポレオンの連帯にいたアブラム・メンデスである。メンデスはアルコーレ橋を渡る時に負傷して、退役してから名誉と公民精神の模範として表彰されている。同じ年の志願兵だったクレミュー・ド・カヴァヨンはナポレオンのエジプト遠征に従った。

旧体制下のアルザスで、ユダヤ人指導者の孫としてストラスブールで一七七六年に生まれたマルク・ヴォルフは、一七九四年に一八歳で志願兵となりライン軍第二騎兵隊に加わり、五年後に下士官に昇進した。一八〇五年以降は皇帝の大陸軍《だいりくぐん》に属し、一八〇八年には大佐としてウェストファリアで騎兵隊を組織し、一八一二年のモスクワ遠征では軽騎兵隊を率いてさらに旅団准将に昇進したヴォルフはその名がパリの凱旋門に刻まれた最初のユダヤ系士官である。とはいえ、一八〇八年にはナポレオンが公共教理を出した「帝国」キリスト教に改宗している。一八一三年には帝国貴族として「男爵」の称号を得た。彼はユダヤ人だが「ナポレオン教」に改宗した兵士だったのだ。

しかし、ナポレオンの失脚とともに、ナポレオンという「救世主《メシア》に率いられたカリスマ」が掲げていた「神」の幻は消えた。マルク・ヴォルフは一八一四年の王政復古と同時にカトリックに改宗し、五年後、ルイ一八世によって新たに男爵位を与えられ、騎兵隊監察官となり四〇年にわたる軍人生活を全うした。

一方、フランス革命の理念を掲げるリーダーとしてのアベ・グレゴワールと、自らを神格化できるという地平が見えてきたナポレオンとの間には溝が深まっていった。ナポレオンは皇帝としての権威づけには、公民教会よりもやはり民衆の生活に根を下ろしているローマ・カトリック教会が必要だとしてピウス七世との間に和親条約《コンコルダ》をかわしたが、アベ・グレゴワールはそれを拒絶した。そもそもナポレオンが総督制を帝政に変えようとしていることにも反対した。彼を懐柔《かいじゅう》するためにナポレオンは「帝国伯爵」の称号とレジオン・ドヌールの司令官勲章を与えたが、後に公に拒絶された。和親条約の後に公民聖職者としてのブロワの司教を辞職したが、一生「ブロワの憲法司教」と自称した。

アベ・グレゴワールが、カトリックの神にもナポレオンという神にも仕えることなく公民聖職者としてフランス革命に殉じた功績が認められたのは、王政復古や第二帝政やさらなる革命や二つの世界大戦を経て、フランス革命二百周年にあたる一九八九年のことだった。八九年の一二月一二日、社会党のミッテラン大統領がアベ・アンリ・グレゴワールの遺灰を、ナポレオンが造営したパンテオンに共和国の偉人として納めた。ユダヤ人として生まれ、ホロコーストを生き抜いてカトリックに改宗した当時のパリ大司教リュスチジェ枢機卿は、沈黙を守った。

ユダヤ最高法院《サンヘドリン》

一八〇七年三月一三日、パリ市庁舎の聖ヨセフホールで、ナポレオン帝国の七万人のユダヤ人の中から選ばれた七一人（その三分の二がラビだった）による最高法院《サンヘドリン》会議が、ストラスブールの大ラビの司式によって開催された。その昔ナザレのイエスを冒瀆者として死刑に値すると宣告したものと同じ組織を、ナポレオンが自分のために復活させたのだ。イタリア王国の二人のラビも陪席していた。会議の目的は、ナポレオンに対してユダヤの律法が民法（一八〇四年制定のナポレオン法典）と両立することを証明することだった。

内閣が提示した一二項目は、婚姻の伝統に関するもの（一夫多妻、異族婚、離婚）三つ、宗教の運営に関するもの（ラビの任命と権威など）三つ、高利とその規制方法に関するもの三つ、同胞愛と祖国愛の概念に関するもの三つからなる。最後のものは「フランスで生まれ、法によりフランス市民として扱われるユダヤ人は、フランスを祖国と見なすか？　フランスを防衛する義務があるか？　法律に従いナポレオン法典の条項を遵守する義務があるか？」という問いになっている。実はその前年の一八〇六年にもこの質問は議会で取り上げられていて、ユダヤ人議員が「フランスはわれらの祖国でフランス人はわれらの兄弟である」とし、「国の防衛のために死ぬ覚悟もある」と答えている。フランスへの祖国愛は自然なものであり、イギリスでイギリスのユダヤ人と共にいると自らを外国人だと感じるほどだ、という証言も記録されている。

にもかかわらずナポレオンは聖職者であるラビの口を通して、この答えが、信仰箇条、宗教法としてタルムードに正式に加えられることを望んで最高法院《サンヘドリン》を復活開催させたのだった。フランス革命の指導者たちと同じく、ナポレオンには「劣化した民族」であるユダヤ人を「再生」させるという意識があった。最高法院《サンヘドリン》に選択の余地はなかった。「王国の法律が法である」という原則を適用し、「フランスとイタリア王国に生まれ育ち市民権を与えられたすべてのイスラエルの民（この言葉は一〇年間使用された）は、両国を祖国と見なし、仕え、防御し、法に従い、すべての取引において民法に順ずることを宗教的に義務付けられる」と教義に書き加えさせた。また兵役に召集されたイスラエルの民はその期間中、兵役と合致しないすべての宗教上の行為を法の名によって免除されることも明記された。この「免除」が兵役の最初からなのか実際の戦闘期間だけに限られるのかについては、後にユダヤ人の間に対立をもたらすことになった。

さらに一年後、一八〇八年三月一七日、国家評議会に提出された三つの条例が採択された。第一は、各県に国家との交渉窓口としてのユダヤ人会議が置かれ、三人の大ラビに率いられる中央会議がラビの任命権を有し、宣誓による祖国愛を育てる教育を統括するというものだ。その後二世紀にわたって存続するこのような有機的な組織構造を与えることにより、ナポレオンはフランスのユダヤ人を定義し、「ユダヤ人」を「イスラエル系市民」にゆっくりと変化させたのだった。

第二の条例は姓に関するものだった。すでに旧体制下においてユダヤ人の多くは決まった「姓」を有していたので改姓は少なかった。ファースト・ネームの方には、シャロムがシャルルに、モーセがモーリスにと、フランス化、すなわちキリスト教化が広まった。

第三の条例は、共和国の平等精神に反するもので、ナポレオンの偏見の強さを反映している。それはユダヤ人たちを「有益な職業」に就かせるために債権を放棄させ、商業行為には知事による特別許可を必要とさせ、他の市民のように兵役の代替奉仕の選択がないとするものだった。ユダヤ中央会議は公にはこの条例に抗議しなかったが、「愛国心」は減退した。それでも一八一〇年には七九〇人のユダヤ人がナポレオン軍に従軍した。

ようやく一八一二年七月になって、中央会議は一部の富裕なユダヤ人について兵役代替の権利を、ナポレオンから獲得するのに成功した。シナゴークでは戦勝がある度に皇帝の賛歌が朗唱され、すべての典礼で皇帝とその家族と国のために祈りを捧げるのが規則となっていた。皇帝に迎合するラビもいた。一八〇九年のラティスボンの戦いの際には、ケルンの大ラビは皇帝軍を祝福し、「公正で寛大な」王に「我らの感謝と忠誠と愛の敬意を永遠に捧げて」祈ることを信徒たちに頼んだ。

前述したマルク・ヴォルフのような卓越した軍人も現われ、レジオン・ドヌール勲章を授与された者も少なくなかった。一八一四年に兵役強制の条例は廃棄されたが、エルバ島から戻ったナポレオンに従ったユダヤ人兵士もいて、ワーテルローの戦いでは五〇人以上のユダヤ人兵士が戦死した。徴兵忌避者はいたが、戦闘に参加した者で逃亡する者はほとんどいなく勇敢さを讃えられた。

ナポレオンの没落後も、フランスのユダヤ人共同体のフランス化は続き、一九世紀半ばにはシナゴーグにオルガン、聖歌隊、フランス語が導入され、カトリック司祭服のスータンをまとうラビまで現われた。ヘブライ語は忘れ去られた。同時に多くのユダヤ人が金融業、芸術、ジャーナリズム、出版業に進出し、立法、行政、司法、軍事の分野に台頭した。ユダヤ人ボナパルティストは正統的な「共和国主義者」となり、「ユダヤ性」と共和国市民であることの両立は自明で強固なものとなっていった。中央会議は最高法院《サンヘドリン》の決定を尊重し続け、世界「イスラエルの民」同盟が生まれ、一八七〇年には、植民地のアルジェリア内でユダヤ人にだけフランス市民権が与えられたが、普仏戦争によってアルザス・ロレーヌが失われたことは「フランスのユダヤ人」に打撃を与えた。

一八九四年に起きたアルフレド・ドレフュスがドイツのスパイであるという冤罪事件は、フランス社会に根強く残っていたユダヤ人への差別と偏見を露わにした（それは第二次大戦下のユダヤ人迫害にまで続いた）。ドレフュスは共和国最高峰の学閥を形成するエコール・ポリテクニックの出身の陸軍参謀本部勤務の大尉であった。ドレフュスが差別の対象としてスケープゴートにされたこと自体、その頃のユダヤ人が共和国エリートとして認められ得る存在であり、国防の要となる地位に就けたという情況を示している。

一八九八年、大ラビのラザール・ヴォーグは「ある日戦況や自然条件によって私が死ぬ時は、シナゴークが『彼は立派なイスラエルの子であった』と言い祖国が『彼は立派なフランスの子であった』

と言ってくれるような死でありますように」という『兵士の祈り』を残している。ナポレオンはフランス革命の平等理念を完遂はしなかった。ユダヤ人の「祖国愛」も信用しなかった。

けれども自分の「権威」と「聖性」の楔《くさび》をユダヤ人と彼らの神との間に打ち込むことは成功した。「神」として君臨し、凋落することによって、一九〇五年の政教分離法へと結実する民衆の「神離れ」をひそかに準備するパン種となったのである。

5. ナポレオンの「十字架の道」

ナポレオン・コンプレックス

フランスの精神病棟には必ず「我はナポレオンなり」という者と「我は神なり」という者が一人ずつはいると思われている。典型的な小話を紹介しよう。

ある精神病院を取材に来たジャーナリストに、一人の小柄な男が「私は皇帝ナポレオンだ」と言った。ジャーナリストが「どうしてそれが確かだと言えるのか」と聞くと、男は「神さまが直々に私にそう言ったからだ」と答えた。するとそばにいたひげ面の大男が振り向いて口をはさんだ。「なに?　私はそんなことを言った覚えはないぞ」。

これは誇大妄想の話だが、心理学の用語にもナポレオン・コンプレックスというものがある。ナポレオンは背が低かったので、自分をより大きく見せようと権力、戦争、征服欲が肥大して過剰なパフォーマンスをしたのだという通説に基づく。外見のハンディを過剰に代償する生き方を指して、ナポレオン・シンドロームとも呼ばれる。実際は「ナポレオン＝小男」説は、フランスとイギリスの長さの尺度の違いから生まれた誤解だったようで、今の歴史家たちはナポレオンが一メートル六八センチほどの身長だったとしている。これは当時としては平均的な背丈だった。また、ナポレオンの親衛隊と呼ばれる精鋭部隊に高身長の大男ばかりが選ばれていたせいで、ナポレオンが相対的に小さく見えたことに加えて、イギリスによるナポレオン過小評価のプロパガンダが効を奏したということらしい。

本当に自分を大きく見せようとしたかったなら、小男ばかりを周りに配することもできたわけだがそうしなかったのは、大男を従えることで威光を増し全体を大きく見せる実《じつ》を取ったのかもしれない。大きく勇ましい四天王に囲まれている仏像がかえってありがたく見えるのと同じだ。ナポレオンには届かない上の方にある何かをとるよう命じられた親衛隊の一人が「私の方が閣下よりも大きい（grand）ですから」と言った時にナポレオンが「君は大きいのではなく長い（long）のだ」と訂正したという逸話もあるほどである。

「体の小さい個体ほど攻撃的になる」とされるナポレオン・コンプレックスそのものが、神話に過ぎないという批判もある。けれども、小柄なフランスの前大統領ニコラ・サルコジがその多動的活躍をナポレオン・コンプレックスと揶揄されたように、リーダーのカリスマと体格の関係はいい意味でも悪い意味でも人々の注意を引くもののようだ。

では、史実のナポレオンは、堂々と神のようなオーラをその身体から発していたのだろうか。通説どおり睡眠時間が三時間で「自分には不可能はない」と言った超人だったのだろうか。ヘラクレスのような体力の持ち主だったのだろうか。

ナポレオンが右手を懐に入れていたのは、胃痛の持病があったからだと言われているのは、事実なのだろうか。

ナポレオンの健康状態を分析した研究によると、子供時代とパリの王立士官学校の時代には、病気治療の記録がない。

一七八五年の兵役中に発熱の記録があり、翌年はコルシカに一時帰郷して湯治療養をした後マラリアに罹患し、湯治を続けた。軍に復帰した後もマラリア熱を出したり、一七九三年には疥癬《かいせん》に罹ったりしている。一七九六年に司令官としてイタリア遠征に出発した時は絶えず咳き込み、痩せてひ弱な様子だったという。一七九七年にイタリアから帰ってから健康上の問題で一時軍から離れたが、回復して年末にエジプト遠征を引き受けた。やせぎすで、顔色が黄色く、目が落ち窪み、しばしば発熱したという証言が残っている。肺炎の診断も下った。第一統領になってからもやせ細っていた。一八〇三年にベルギーで血を吐いた。一八〇四年から一八〇七年までは体調がよく、疲労すると日に何度も熱い湯に浸かったという。

それにもかかわらず、一八〇四年九月には癲癇《てんかん》様の発作があったと召使が記録しているし、翌年には一五分にわたって呻き唾を吐いて痙攣したことを、タレランが記録している（主治医コルヴィサールによる記録は残っていない）。激しい胃痛が繰り返すようになったのは一八〇八年の終わりからだ。主治医はそれを早食いのせいだと診断した。この頃からナポレオンは肥満し始める。

「神」の凋落

一八一二年からは、外気から受けるストレスによって咳き込み、足がむくみ、頻脈と尿閉が起こるようになった。神経痛が胃または膀胱の痙攣につながった。胃痛は心身の能力を減退させ、馬による移動は苦痛を極めた。戦場から薬を求めて使者を派遣したこともある。声が出なくなって命令することも口述筆記させることもできなくなったこともあり、ロシアでの戦いの前は、戦略を立てることもできなくなっていたという証言がある。

一八一三年末には肝炎に罹り、ライプツィヒの戦いでは胃と肝臓の激痛に苦しんだ。

これらの記録をたどると、ナポレオンは「小男」ではなかったかもしれないが、ギリシアの神々と同じ地中海出身なのに屈強ではなく、満身創痍のストレスフルな繊細な人物だったということになる。ナポレオンが戦機を見る優れた将であり「軍神」の名をほしいままにした時期があったのは事実だったろうが、それは心身の不調を超える精神力と、いったん起動したらもう止められなくなった「権力への意志」に支えられたセルフ・プロデュースの力に負うところが大きかったのかもしれない。

十字架上で苦しみ死んで復活したイエスをキリスト（救世主）とするキリスト教のイメージに囲まれた環境で育ったために、「肉体的に苦しめば苦しむほどそれを聖なる犠牲とするならば、さらなる高みに達し得る」という自己暗示が効を奏していたとも考えられる。

しかしそのような「苦しむ偉大な神」というセルフ・イメージは、四〇代に入ってからのむくみと肥満とによって損なわれていく。同時に軍事上の才覚も鋭さを失った。それでもナポレオンが持ちこたえたのは、それまでに蓄積し、皇帝として確定させた無敗の「軍神」のイメージがナポレオン軍の中に浸透し定着していたので、士気低下はなく済んだからであろう。

やがてそれにも限界が来た。一八一四年にイギリス・オーストリア、スウェーデンなどの連合軍に包囲されパリが陥落した後は、南郊外のフォンテーヌブロー城に閉じ込められた。側近だったネイ元帥にも裏切られ、オピウムを用意し自殺未遂を起こしているから、すでに気力の限界も超えていたのだろう。結局、二〇〇万フランの年金を得る条件で退位を受諾し、生まれ故郷のコルシカ島とトスカーナの間にあるエルバ島を領地として与えられ、追放された。

その「近さ」にイギリスは不満を唱えたが、いったん主権を失った者は死んだも同然としてエルバ島行を支持したのは、ロシア皇帝だった。ナポレオンは一子をもうけた皇后マリー＝ルイーズが、父であるオーストリア皇帝にとりなしてくれることを期待した。若い妻は夫のもとに行きたいと愛情ある書簡を残してもいる。しかし大叔母に当たるマリー＝アントワネットがフランス革命でギロチン台の露となった前例を恐れ、父が送ったネイベルグ将軍の愛人となってウィーンの父のもとに戻った。

コルシカのすぐ近くでありながら三八分の一の面積しかない小島にやって来たナポレオンはそれでも「領主」らしく居城を工事し、島のインフラを整え軍事を増強した。母と妹を迎え、「宮廷」の社交生活も始まった。もう外の世界には興味がないと言っていたナポレオンに、心身共に過去の力が枯渇した状態でエルバ島脱出の決意を促すに至った情況はあった。ナポレオンを裏切ってルイ一八世に付いたタレランは約束の年金を支給せず、エルバ島にスパイを送って毎日の様子を報告させていた。「人類の禍を滅ぼすことがブルボン家には必要だ」として、ナポレオンを毒殺するかカトリックの狂信者に暗殺させようかと計画した。金がなく、命を狙われていて、唯一残された妻子は来ないという状況ながら、この時点では、軍にはまだ「皇帝」への忠誠心が残っていた。革命戦争を連戦してきたナポレオン軍は、ルイ一八世下では予算を減らされたことで不満を抱いていた。すぐに行動を起こせば軍事クーデターは可能だった。ナポレオンは決意する。

「神」は復活するか

実際ナポレオンは「ブルボン家が革命の成果を奪った」と兵士たちに檄《げき》を飛ばした。イタリアから集めた兵と共にフランスに上陸してパリに向かう途中で、はじめてブルボン家のフランス軍に遭遇した時に、一斉に銃を向けた兵の前で上着を広げて胸を出し、「汝らの皇帝を撃てるものなら撃ちたまえ」と言ったナポレオンの姿は「復活の救世主」に見えた。全軍が「皇帝万歳」を叫び、ナポレオン軍は無血でパリを占拠した。ルイ一八世はベルギーに逃げた。「百日天下」の始まりである。

ナポレオンにはまだレトリックを駆使する能力があり、兵士たちの間に戻ると往年の「軍神」の後光が甦ったのかもしれない。エルバ島の見張りが手薄になっていたこと、ウィーン会議に集まっていた主要国の首脳たちに正しい情報がすぐに届かなかったことなど、ナポレオンに有利な条件が重なったとはいえ、戦わずしてパリに戻って権力を奪還した「鷲の飛翔」と呼ばれる進軍は、ナポレオンの成し遂げた「神業」というより、神の采配そのものの僥倖《ぎょうこう》だったという方が似合うだろう。しかし、その僥倖に助けられたナポレオンが実際に心身ともに復活し昂揚したわけではなかった。一八一五年五月には、軍隊の再編成のストレスで胃痛発作が再発した。

軍事クーデターはひとまず成功したとしても、民衆の心をもう一度摑む仕事が次には待っている。

ナポレオンは民衆の前に復活の救世主の姿を見せる必要があった。けれども、プロパガンダのために挙行された祝祭に現われたのは、真っ白な大きな羽をつけた黒い帽子をかぶり、輝く金襴《きんらん》の上着をまとった太った男だった。

ブルボンの穏健王党派の政治に慣れ始めた民衆たちはもう「帝国」を求めていなかった。一八一四年にはまだ残っていた「革命の成果」はもう失われていた。ルイ一六世をギロチンにかけたフーシェがルイ一八世の大臣に収まったように、変節漢が跋扈《ばっこ》していた。人々は民主化を求め、投票が行われ、革新派が勝利した。白い羽に金の服のナポレオンはもう、皇帝にも神にもなりきれなかった。

連合軍がフランスに迫っていた。ナポレオンが少なくともまだ「軍神」であることを証明するにはともかく、初戦に勝利する必要があった。一八〇六年の敗北の復讐をしようと進軍したプロシアの将軍はナポレオンをとらえて射殺しようと逸《はや》っていた。

六月、ウェリントン軍と対峙したワーテルローにおいて、ナポレオンにはもう戦略の霊感は降りてこなかった。前日は胃と肝臓の激痛で一睡もできなかった。戦いの日の朝には痔の手当てをしてもらわなくてはならなかった。末弟のジェロームはその日の夜のナポレオンが「人が変わったようだった」と形容した。ナポレオンは敗退した。

ウィーン会議を仕切っていたタレランは、敗残のナポレオンの「市民としての死」を宣言した。社会外の存在、アウトローであるから裁いたり判決によって処遇を決めたりする必要もないと言った。今度こそナポレオンを絶海の孤島に追いやるのだ。ヨーロッパから遠く離れた南半球のセント・ヘレナ島が選ばれた。タレランら政治家はようやくナポレオンという悪夢の「神」から解放された。

セント・ヘレナ島でのナポレオンは、世界から切り離されて現実の感覚を失った。肥満し続け、脚がむくみ、右半身が痛み、壊血病の症状が現われ、歯茎が膿んだ。

そこには「神」の姿はもはやなかったが、「神話」を創る時間だけが残されていた。「人間社会」から抹殺されたナポレオンが自尊心を失わずに生きていくには、もう一度「神」になるか、さもなければ「殉教者」になるしか道はなかった。ナポレオンはラス・カーズに「福音書」を口述し始めた。

セント・ヘレナ島

ベルトラン将軍と共にナポレオンの最期までそばにいたベルトラン夫人は、アフリカと南米の中間にあるセント・ヘレナ島を評して「悪魔が二つの世界の間にたらした糞」だと言った。二〇〇年前にナポレオンが三ヵ月も船に閉じ込められてようやく辿り着いたこの島には、今もイギリス船しか通っていない。ハレー彗星で有名なハレーは一六七三年から二年滞在して天体地図を作製した。ダーウィンもビーグル号で寄港したことがある。

一八四〇年にパリに移されるまで遺体があったナポレオンの墓所は、彼が好んで散策した木陰の多い谷の奥にある。ナポレオンが息を引き取ったロングウッドの邸宅は、医者の勧めによってナポレオン自身が造園した庭園に囲まれている。墓所も邸宅と庭園も、ナポレオン三世の第二帝政の時代(一八五七)にフランスが買い取ったので、島の一五ヘクタールは今でもイギリス領内部のフランスの飛び地として名誉領事が常駐して管理している(ナポレオンが最初の二ヵ月を過ごした家も一九五九年に寄進された)。それなのにフランスから直行するルートは今もない。

ブラジルから二九〇〇キロ、アフリカから一九〇〇キロ離れたこの島にフランスから行くには、まずオクスフォードの近くのイギリス空軍基地から赤道直下の火山島アセンシオンに飛ばなくてはならない。一五〇二年にポルトガル人によって発見されたこの無人島には、一一五〇キロも離れたアメリカからナポレオンを解放しに来るかもしれない船団の中継基地とされるのを牽制するだけのために、英国海軍が一八一五年に配置された。エルバ島脱出の前例がイギリスにとってよほどのトラウマだったことが分かる。一九二二年までは英国海軍しかいなかったこの島は、現在は英国の海外領として英米の通信基地がある。この島からセント・ヘレナに一年に約一八往復する「郵便船」のみがセント・ヘレナを外界とつないでいるのだ。一五〇人の船客、六五人の乗務員を乗せた二五〇〇トンのこの船は、アフタヌーン・ティーやクリケットなどイギリスの暮らしに合わせながら三日かけてセント・ヘレナに向かう。

三日後、特徴ある帽子をかぶって横たわるナポレオンを思わせるシルエットのセント・ヘレナ島が姿を見せる。まるで島全体がナポレオンの棺のようだ。港は四二〇〇人の島民がすべて船を待っていたような賑わいだ。英国植民、黒人奴隷、中国、マレー、インドの苦力《クーリー》の順で一二二平方キロの島にやって来た人々の多くは、混血して方言を話している。ジョージタウンの裁判所には「神、そして私の法」と書かれている。軽犯罪用の刑務所もあるが囚人も昼間は外で労役している。「セント・ヘレナには入口はあるが出口がない」からだ。ナポレオンの後でも、ザンジバルのスルタンやバーレーンの政治犯、チフスで大半が死んで今も墓地が残るボーア戦争の囚人などが次々とこの島に流刑となったから、住民たちは特にナポレオンに関心を持っているわけではない。

けれどもロングウッドの邸宅は、ナポレオン財団と外務省によって当時の様子を再現して世界中から「巡礼者」を集めている。一八四〇年に遺体の移送のためにフランスの役人らが訪れた時に目にしたロングウッドは、家具も持ち去られ壁に落書きがあり、ナポレオンの寝室は馬小屋にされ、馬が牧草を喰っていた。イエス・キリストは馬小屋で生まれたとされるが、「神になりたかった男」ナポレオンは、死の床が馬小屋になったのだ。

島のナポレオン

すべての偉大な将と同じくナポレオンも、捕らわれるよりは戦場で討ち死にすることを望んでいた。一度目は一八一四年パリに向かう対仏連合軍の大軍の前に大敗したアルスィ・シュル・オーブの戦いで、「何としてでもここで死のうとした」と語っている。次がワーテルローの戦いで、兵士の突撃に加わって死のうとしたが士官たちに無理やり引き止められた。

フランスの中世末期に騎士道の名誉のシンボルであるピエール・テラーユ・バイヤールという神話的存在がいる。ドイツ軍との戦いで重傷を負ったバイヤールは「一度も敵の前に背を見せたことのない私が最後に背を向けたくない」と言い、兵士たちに自分を残して引き上げてくれと頼んだ。苦しんで息絶えたバイヤールの周りで敵も涙し、遺体はフランスに送られた(彼の甲冑はナポレオンの墓と同じパリのアンヴァリッド戦争博物館に展示されている)。ナポレオンはバイヤールのように語り継がれる名誉の死を望んだ。それがかなわずに幽閉された時に自死を企てたのも無理はない。

一八一五年の一〇月半ば、ワーテルローの敗北を反芻し、行く末に暗澹としながらの三ヵ月の航海の果てにセント・ヘレナ島に着いた時は、すっかり弱っていた。

イギリスがあてがった居宅のロングウッドは風の強い丘にあり、湿気は多く朝晩の温度差が大きい。風邪を引き、胃腸を壊したナポレオンは寝室に引きこもり、話し相手だったラス・カーズが提督ハドソン・ローによってフランスに送り返されてからますます落ち込んだ。むくみもひどくなり、アイルランド人医師は一八一七年に肝炎の診断を下し、本格的な治療が必要だと提督に申告した。それをフランスに送還されるための詐病だと見なした提督は、別の医師による診断を要求し、ナポレオンは拒絶した。ナポレオンに好意的すぎるとされたアイルランド人医師も次の年に島から追い出され、ナポレオンはまる一年主治医なしで放置された。

エクス＝アン＝シャペルの会議によって「ナポレオンが有産階級市民として暮らすためにヨーロッパに戻ることを妨げる」という条例が正式に発布されたのは、この年だった。市民権を剥奪され裁判や判決なしに島流しになったナポレオンにはそれまで正式な「終身刑」が下ったわけではないから、病気療養のための帰国も期待できたかもしれない。しかしこの条例が出た時に、はじめてナポレオンはこの島で死ぬことを実感し受け入れることとなる。「もしキリストが十字架で死ななかったとしたら神になっていなかっただろう」という言葉を残したのはこの時だ。

それでも一八一九年九月にフランス人医師が到着して以来、ナポレオンは、造園をしたり馬で島を散策したりするほどに一時体調がよくなった。一九二〇年夏に再び動けなくなり、目に隈ができ顔色は緑色がかった。翌年のはじめは、悪寒、嘔吐、激痛に繰り返し襲われたが、ナポレオンはよく耐えて周囲の人間にも苛立ちを見せなかった。受難のキリストや殉教者の姿がモデルとして脳裡にあったのかもしれない。

解剖が専門だったフランス人医師に死後の解剖を頼み、自分の父と同じ胃がんが死因であると判明したなら、そのことを息子に告げて警告してほしいと頼んだ。四月に口述した遺言の中で、自分の武器と主要な遺留品を息子が一六歳になったら渡してくれるようにと言っているのを見ても、「神」として受難の死を遂げることとは別に、血脈を残し息子の安全を守るという強い意志が残っていたことが分かる。ナポレオンと現世をつなぐよすがだったこの息子は四歳の時に一五日間だけ「ナポレオン二世」となった後、母方の祖父のいるウィーンで育てられ、父の死の年にはまだ一〇歳でしかなく、父の死後一一年で夭逝した。

日に七度も着替えるほど汗をかいたかと思うと震えだし、激しいしゃっくりに苦しんだ。意識が朦《もう》朧《ろう》とすることも多くなったが、司祭を呼んで葬儀に関する綿密な打ち合わせをした。遺言には「私の遺体は私の愛したフランス人民のそば、セーヌのほとりに埋めてほしい」と書いていたが、現実を考慮して「第一希望はパリ、それが無理ならばローヌ河とソーヌ河の交わる島（ナポレオンがパリの次に愛したリヨンのこと）、あるいは（故郷である）アジャクシオのカテドラルに」と追加し、さらに、ハドソン・ローの命令がセント・ヘレナでの埋葬というものであれば、ゼラニウムの谷の奥の窪地の泉のそばを希望すると付け加えた。その泉からは毎日二リットルの水が汲まれてナポレオンにもたらされていた。

「神」は誕生するか

ナポレオンの臨終の様子は、時間を追いながらベルトラン将軍によって克明に記されている。いや、セント・ヘレナでのナポレオンの一挙一動、片言隻句が取り巻きから召使に至るまでのあらゆる「証言者」によって書き留められた。皆がナポレオンに傾倒して思い出を残そうとしたというわけではない。彼らは、自分たちの証言が「歴史的価値」を持つことを知っていたのだ。実際、ナポレオンの様子は手紙によって逐次パリに知らされていた。

その「歴史的価値」とは、資料として値段がつくというより、いわば「聖人伝」を無意識に共同制作していたようなものだといえる。キリスト教文化における救世主は捕えられて鞭打たれ、十字架を背負わされて歩き、釘打たれて磔《はりつけ》にされるという苦難の道を経た後で復活することによって救いの業をなした。だから失墜した皇帝が病み苦しんでいることが彼の栄光を損なうことにはならない。すべての人が福音書作者になりたくて記述した。

イエス・キリストに続いた無数の殉教者の悲惨な最期を語る「聖人伝」も、特にカトリック世界には広く膾炙《かいしゃ》していた。カトリック世界での「聖人」とは、生きている人に与えられる呼称ではない。ヒロイックに生き、死んで神の国に生まれ永遠の魂を得る者が「聖人」なのだ。そして聖人たちは星雲のように集まって、この世に生きている人に働きかける。各種の「守護聖人」への崇敬が示すように、人々が聖人に向ける思いは濃密だ。中世以降、聖人が聖人として認定される前に膨大な「証言集」が編まれた。生き方の偉大さはもちろん、どうやって天の国に帰っていくかという「死に方」のウエイトは大きい。

八月一五日の聖母被昇天祭を聖ナポレオンの祝日に置き換えたナポレオンは、それをよく知っていた。「私の名声に欠けていたのは不運だけだった。私はフランス皇帝の冠、イタリア王の鉄冠を戴いた。今イギリスがもう一つのさらに偉大で栄光に満ちた冠を私にくれた。救世主に被せられた茨の冠である」と言い、周りの者はそれを痛いほど意識していた。

一七人がナポレオンの解剖に立ち会った。胃と心臓は取り出されて聖遺物のように銀器に納められたが、それを皇妃に渡すことをハドソン・ローが拒否したので棺に入れられた。遺体は防腐処置なしに、オーデコロンを振りかけられただけで縫い合わされた。

フランス人たちは「ナポレオンここに眠る」と墓石に刻もうとしたが、ハドソン・ローが拒絶し「ナポレオン・ボナパルト」とするように命じた。実際、提督邸の記録には「ナポレオン・ボナパルト」とされている。しかし、本来のファースト・ネームであるナポレオンを独立した皇帝の姓としたことこそがナポレオンの栄光の到達点を象徴することなのだから、出発点であるコルシカの「ナポレオン・ボナパルト」という名では彼の業績をすべて否認することになる。結局フランス人たちは墓所に名を刻まないことにした。「ナポレオン」か、もしくは「無」なのである。この墓所にはだから今も名がない。

二一世紀の今、イギリスは二億五〇〇〇万ポンドを投じてセント・ヘレナ島で山を切り開いて空港を建設した。空の便ができれば現在年二〇〇〇人の訪問客が二〇二〇年には三万人になると見込まれている。

最初の民間機がセント・ヘレナに降り立つのは二〇一六年の予定だったが、五月の最初のテスト飛行では南アフリカから出発したブリティシュ・エアウェイのボーイング機が、悪天候のため着陸をあきらめた。まるでセント・ヘレナが孤高のポジションを捨てたくないかのようだった。

遺体の確認

ナポレオンを乗せた船がヨーロッパから遠く離れた南半球の孤島セント・ヘレナに着いた瞬間から、タレランら政治家の頭の中では、ナポレオンの存在が消去されていた。六年後にナポレオンの死が報告された時、タレランは「それは事件ではなくニュースに過ぎない」という言葉を残している。

けれども、ハドソン・ローによって「ナポレオンここに眠る」という銘を拒否された無名の墓所からは、すでに「神話」の芽が息吹き始めていた。十字架から降ろされたイエスの遺体が収められた墓所にも名はなかったからだ。旧約聖書のモーセの前に現われた「神」も自分の名を問われて、「ありてある者（『わたしはある』という者）」としか答えなかった。その神は「主」であった。ナザレのイエスも復活して「キリスト（救世主）」となった。イエスの墓所がもぬけの殻になっていたこと、それでも墓の上に建てられたとされるイスラエルの聖墳墓教会が今でも巡礼の聖地になっていることを思うと、ナポレオンの名のない墓所も「復活」さえあれば聖地になってしまう可能性がある。

まるでそのリスクを恐れたかのように、四層をなしたナポレオンの棺は、三メートルの深さに掘られた墓穴に土とセメントで埋められ、さらに敷石で固められた上に鉄柵で囲まれて封印された。

ところが、「空の墓所」の聖伝が実現する時が来た。一八四〇年の初め、七月王政下の内務大臣シャルル・ド・レミュザが、医師や化学者らを集めて、ナポレオンの棺の発掘と遺体確認の手続きを相談したのだ。イギリス政府は当時まだ生存していたワーテルローの勝者ウェリントンに異論はないかと問い合わせた。ウェリントンの暗殺を企てた者がナポレオンから遺産の一部を贈られていたことなどを顧慮したのだ。

ウェリントンはそれに対して、公人としての意見を求められているなら答えるが、私人としてなら、ナポレオン・ボナパルトの遺体がどうなろうと知ったことではないと答えた。

五月にはパリ大学の調査会が、遺体の保存状態を確認する責任者を任命した。調査団は、埋葬時の棺の数や閉め方についての記録に一八二一年当時すでにフランス側とイギリス側で食い違いがあることを確認していた。

セント・ヘレナに派遣されたフリゲート艦の属する海軍司令官はルイ＝フィリップ王の息子だったが、息子がイギリスの地に赴くことをよしとしなかったルイ＝フィリップは、ロンドンのフランス大使館付きの外交官（のちにイギリスのフランス大使となる）であった二五歳のジャルナック伯ロアン＝シャボーに「王の名代」という称号を与えて発掘に立ち会わせて遺体引き取り文書に署名させた。

一八四〇年一〇月一五日、松明の明かりの下でイギリス兵たちが鉄柵を外し、雑草を除いて取りのけた石はフランス人に分けられた。墓穴を閉じていた三つの敷石が除かれ、さらに時間をかけてようやく外棺の表面が現われた。コクロー司祭がナポレオンの愛飲していた泉の水を振り掛け、「深い淵の底から、主よ、あなたを呼びます」（詩編一三〇）と唱えた。棺が引き上げられ、前夜に用意された青白縞のテントの中に運ばれた。沈黙の中、マホガニーの棺が鋸《のこぎり》で取り外され、中にあった鉛の棺はフランスから持ってきた黒檀の大きな棺の中に移された。フランスの士官たちが到着してから鉛の棺が溶解された。

マホガニーの内棺を注意深く開けると、最後の鉄棺が現われた。蓋を開けると夢の中のようにぼんやりと白い影が見えた。蓋の裏側に張ってあった白い絹の布が落ちて遺体を覆っていたのだ。ギヤール医師がその布を下から上にそっとめくって外すと「皇帝」が現われた。赤と緑の軍服も軍靴もそのままで、胸にはレジオン・ドヌール勲章の紅い襷がかかっていた。ボタンはやや曇り、頭はクッションの上に、左手は腿におかれていた。安らかな表情で鼻翼のみが痛んでいた。閉じた瞼にはまだ睫毛が残り、やや後退した歯茎からは真っ白な前歯が三本のぞき、乾いた顎の皮膚には青黒いひげが少し伸びていた。手は完全で白く長い爪がついていた。軍靴の縫い目だけが解けていて足指の先が四本ずつ見えていた。帽子は腿のところにあった。

立ち会ったすべての人が息をのんだ。グルゴーやラス・カーズは嗚咽し、ベルトランは凍りついた。ギヤールが心臓と胃を収めた容器の検査を提案するとグルゴーが激しく反対したので、医師は絹の布を戻してクレオソート（防腐油）を垂らして鉄棺を閉じた。マホガニーの棺も、鉛の棺も閉められ最後に黒檀の新しい棺が施錠された。それをさらに樫の棺に入れて一・二トンになったものを四三人の砲兵が黒布で覆われた霊柩車の中に移した。その全体が金の蜜蜂と鷲をちりばめて皇帝冠と銀の十字架があしらわれた黒いビロードの布（四・三〇メートル×二・八〇メートル）で覆われ、黒い装備の四頭の馬が車を引いた。セント・ヘレナ島の女性たちがフランス国旗と、棺を運ぶフリゲート艦のための皇帝旗とを手作りして贈った。

カトリックの聖人を認定するにあたっての「遺骸確認」の手続きにおいてたまに見られる「腐らない遺体」が「奇跡」であり神の恩寵の徴しであると見なされる伝統は民衆の中に強く残っている。ナポレオン神話の若木は、保存状態のよい遺体の聖性によってこうして養われた。

アンヴァリッド（廃兵院）の墓所

歴代フランス国王の墓所があるサン゠ドニ大聖堂は、署名を集めてナポレオンを埋葬する場所として名乗りを上げた。凱旋門やヴァンドームのオベリスク、パンテオンやマドレーヌ寺院も候補に挙がったが、ルイ゠フィリップ王はナポレオンをアンヴァリッドに移送して墓所を作ることを決めた。ナポレオンの武器を保管していたベルトラン将軍は、英雄の剣はフランスの守り神になるだろうと進言して、棺の上に置くためにそれをルイ゠フィリップに返還した。

一方で、「英雄の帰還」を神格化することを警戒した人たちもいた。詩人のラマルチーヌはナポレオンで民衆を熱狂させるのは将来のためによくないことだと批判し、「自由・遵法・進歩という公式の教義を掲げる人たちが剣と独裁をそのシンボルにするのは気に入らない、ナポレオンの遺体の帰還によって戦争や独裁を称揚する者が出てくるのはよくない」と言った。そのことは逆に、民衆の間にナポレオンを「殉教者゠救世主」と奉る心性が生まれかけていたことをうかがわせる。

結局、フランスに着いた皇帝の棺がパリまで運ばれる時に、「殉教者の帰還」「殺された救済者の復活と再臨」を待つ民衆の気持ちに応える演出はなされなかった。七月王政のイメージを高めること、ルイ゠フィリップ王と大臣アドルフ・ティエールの栄光を示すだけで十分だったのだ。ティエールはナポレオンの帰還がイギリスを刺激して当時のエジプト情勢についての英仏関係に悪影響を与えるのを警戒し、民衆に対して説得力を持たない王政の権威を強化したかったルイ゠フィリップの方も、熱狂する群衆の暴走を恐れて、パリまでの行程のほとんどは水路となった。民衆の期待は裏切られ、殉教者を讃えるために集まることのできないフラストレーションが残された。

タレランの姪であるディノ公爵夫人は、アンヴァリッドへの柩到着前の様子を日記に書き残している。(Souvenirs et chronique de la duchesse de Dino, nièce aimée de Talleyrand)

そこには、フランス革命の「達成者」であったナポレオンの遺骸を、反革命である王政復古の後のルイ＝フィリップ政権が凱旋者のように迎えることに対する貴族たちの違和感がうかがえる。

まず、ナポレオンの柩を迎えるにあたって、王や王族がルイ一八世の葬儀（一八二四）と同じ喪服（王族の喪の色は伝統的に紫だった）を着用することを目撃して「狂っている」と評した。ルイ＝フィリップは、ルイ一六世やルイ一八世と同じくルイ一五世の最後の孫であるシャルル一〇世が一八三〇年の七月革命で追われてから「フランス人の王」として返り咲いた「いとこ筋」にあたる。シャルル一〇世は亡命先のオーストリアで没したから王の葬儀はなかった。ルイ＝フィリップの「七月王政」は人民の権利と意思を尊重するとして、フランス革命の精神を復活させたかに見えたけれど、コレラの流行や近代化による資本の蓄積は貧富の格差を増大させ社会は動揺していた。

「ナポレオンの帰還」の周囲には貴族や聖職者たちが集まった。いたるところで、司祭が柩を祝福（聖水をかける）すると民衆はその前にひざまずいた。四〇年前にピオ七世を利用し、「皇帝の公教《カテシ》要理《スム》」を発行し、「聖ナポレオン」の祝日を国家の祝日としたナポレオンの柩にカトリック教会による「祝福」が与えられるように求めたのは民衆だった。ディノ公爵夫人はこのことを評して、ナポレオンは四〇年の間に少なくとも二度はフランスの役に立った、それは宗教と民衆を和解させたことだ、と皮肉っている。一度目は和親条約、二度目が柩の帰還による宗教心の高揚というわけだ。ディノ公爵夫人はさらに、当時の無政府的な不穏な状況（実際その八年後の二月革命によってルイ＝フィリップの「七月王政」は瓦解し、ルイ＝フィリップも亡命先のイギリスで没することになる）の中で、ナポレオンを革命の理念のシンボルとして崇めさせるために宗教的な秩序が求められる逆説を皮肉っている。民衆が熱狂しているのは革命後の近代法の立法者としてのナポレオンではなく、侵略者、征服者という偶像なのだと指摘した。

柩がパリに到着した時の様子は、モンモランシー公爵夫人がディノ公爵夫人に書き送っている。「征服者」でありフランスの偉大さのシンボルとしてのナポレオンの「帰還」に興奮した民衆の間で、イギリスの大使館に押しかけて大使館を破壊するという計画が発覚し、首謀者らが収監された。八〇万人もの民衆がこの運動に関与していたと言われる。一方、貴族たちは民衆を刺激しないように終始冷静で沈黙を守った。

一八四〇年一二月一四日、午前九時半、パリの西方一九キロに位置するル・ペック市のセーヌ河の船着き場では貴族の子弟らがすべて帽子をとって胸に当て、ベルトラン将軍が柩の右に、グルゴー将軍が左に、「王の名代」ロアン＝シャボーが前に立った。ジョワンヴィル公が行ったり来たりして命令を下した。柩から宗教的ではないすべての装飾物が取り払われた。多くの司祭が集まり、たくさんの大蠟燭が立てられた。ヨーロッパ中の王侯貴族らが革命とナポレオンによって被った災厄がまるで忘れられたように見えた。二六年前の呪いは忘却され、勝利の記憶だけが人々を熱狂させていた。しかしパリでも民衆を集める記念式典は行われず、政府や軍の関係者だけがセレモニーに参加した。あらゆる貴族が参列し、その中には、三一歳の孫を一八〇四年に第一統領であったナポレオンに拉致されてヴァンセンヌで銃殺されたコンデ公の子孫もいた。柩の運ばれた台車は盾の形をしていた。けれども、ナポレオンを再びフランスに迎え入れることによって七月王政のイメージを改善するというルイ＝フィリップの思惑は外れた。ナポレオンを「殉教者＝聖人」として迎えようと狂喜していた民衆は、政府が民衆参加の記念式典を行わなかったことで裏切られたという感情を抱いたからだ。政府の要人の多くの冷静過ぎる対応も、民衆の心を傷つけた。そればかりか、エジプトをめぐるイギリスとの外交戦も結局うまくいかなかった。ナポレオンに鼓舞されたタカ派のティエールは、一八三八年のアルジェリア出兵に続き、エジプト総督メヘット・アリと組んでエジプトに出兵し、オスマン・トルコを支援するイギリスに対抗しようとしたのだが、不発に終わってナポレオンの帰還を待たずに政界を追放され、穏健なギゾー内閣の時代が始まった。

七月王政を輝かせるはずだったナポレオンの遺骸のアンヴァリッド招致は、七月王政の凋落を予告するものとなったのである。

ナポレオンの棺はアンヴァリッド内の聖ジェロームのチャペルに二〇年も置かれた後、一八六一年四月二日、ルイ・ヴィスコンティの設計で中央ドームの下に設けられた廟に、ようやくひっそりと納められた。フィンランドから運ばれた紅い珪岩製の大きな石棺が巨大な大理石の上に置かれるのを、ナポレオンの甥であるナポレオン三世と皇妃が見守った。

それでもその墓所に根を張った「ナポレオン神話」は成長し、枝葉を広げていった。伝説的英雄が敵地で死んだ時に、その遺体が偽物だという説が生まれるのもその一つだ。ナポレオンの生誕二〇〇年祭が祝われた一九六九年、ブルターニュのジャーナリストのジョルジュ・レティフは、アンヴァリッドの墓所に安置されているのはナポレオンではないと唱えた。埋葬と発掘の時の記録の齟齬、内臓を収めた容器の種類の違い、異なった数種のデスマスクの存在などがその根拠だった。

レティフは、ナポレオン好きで死体愛好癖《ネクロフィリア》のある英国王ジョージ四世が一八二四年か二五年にひそかに遺体を発掘し、一八一八年に死んだナポレオンの執事チプリアニの遺体とすり替えた後で、ナポレオンの遺体をウェストミンスターのミイラ・コレクションに加えたと言った。確認のためにアンヴァリッドの棺を開ける提案をした歴史家も出たが、ボナパルトの血縁者と政府によって退けられた。

カトリック世界では聖人の遺体が巡礼者に公開されることがある。ナポレオンの遺体は一八四〇年の帰還の時に公開されず民衆の不全感が残り、永遠に人々の心性に届かない「聖域」に閉じ込められてしまったのかもしれない。

聖遺物ビジネス

遺体に手が届かない時には「聖遺物」が登場する。昇天や被昇天によって「遺体」を地上に残さなかったとされるキリストや聖母マリアでも、その生涯を偲び、呪術的な「ご利益」や奇跡の拠り所となるさまざまな聖遺物が存在する。古来、総量が膨大になると言われる十字架の木片、茨の冠、脇腹を刺した槍、乳歯や髪の毛、上衣や帯から、遺体を包んでいたという血痕の付いた亜麻布まで、集められ、略奪され、売買され、崇められてきた。

セント・ヘレナ島のナポレオンが殉教を前にした聖人で救世主でもあることを理解し期待していた

取り巻きの人々は、ナポレオンの片言隻句だけではなくありとあらゆる「モノ」の価値を予測し確保しようとした。いわゆる「遺産」は遺言書によって配布されたが、死が迫った時の染みのついた病衣などは捨てられることなく慎重に保管された。元ナポレオン軍の厩舎係で介護助手として死の床に付き添ったアルシャンボーが、大切にとっておいた皇帝の髪のひと房や杖や手袋やシャツはやがて孫娘の手に渡った。コルシカ人と結婚したその女性と共にそれは、ナポレオンの生まれた島に戻った。その所有権をめぐって今でも子孫たちが裁判で争っている。

二〇年も「聖遺物」を保管してきた人々にとって、ナポレオンのパリへの「帰還」を国王が決定したことは、ちょうど、ローマ教皇が殉教者をようやく「聖人」に認定したことに等しかった。ナポレオンの遺体をフランスまで運んだ船の帆や板までも、「聖遺物」として投機の対象となった。

英雄を「神」と崇める「信者」たちだけではない。世界中の戦争マニア、歴史マニアらが「聖遺物」を収集し始めた。大コレクターの中には現在のモナコ大公アルベールの曾祖父に当たるルイ二世がいる。ルイ二世の母は、ナポレオンの最初の妻であるジョセフィーヌの姪でナポレオンの養女となったステファニー・ド・ボーアルネの孫だったので、個人的に記念品を受け継いでいたルイ二世は熱心に「聖遺物」を収集し、モナコ宮殿内に「ナポレオン記念館」を作った。その記念館のコレクションが二〇一四年一一月から三度に分けてフォンテーヌブローで競売にかけられることになった。一一月の売り上げは一〇億円を超えた。

出品された金貼りのブロンズ製の鷲は戦場で軍旗の上を飾っていたもので、その胸と左翼には銃弾の穴が開いていた。ナポレオン二世が洗礼式に履いていたアイボリーの絹靴下には金糸で縫い取りがしてある。一番人気は、ナポレオンのトレードマークである黒ビーバーの毛皮の二角帽で、防寒のため中に丸帽を重ねるための大きいサイズのものを含めて何十個もあったらしい。本物だと鑑定されているのは一九個だけで、競売にかけられたその一つを一八八万ユーロ（約二億七〇〇〇万円）で落札したのは韓国最大の養鶏会社の会長だった。五七歳のキム氏は、「不可能」という言葉を持たない「企業」の精神を持つナポレオンは「現代ビジネスマンの模範」であり、自社の士気を鼓舞するために入手したのだと語った。鷲（ナポレオンのシンボル）が鶏のもとに行く、と形容する記事が出た。

旧約聖書の出エジプト記（一九、四）では、神が、民を「鷲の翼に乗せて私のもとに連れて来た」とモーセに語っている。

世界中で「聖遺物」を追い求めながら人々が待っているのは、神となったナポレオンがいつか迎えに来て「鷲」の翼に乗せてくれる日なのかもしれない。

第２部　そして、神になる

第2部では、この本のテーマである「ナポレオンと神」の関係を規定したフランスのカトリック教会の錯綜について、和親条約前後の時期に焦点を当てて読み解く。さらに、ヨーロッパにおける「教皇」と「皇帝」と「王」の神をめぐっての三つ巴の図式を概観し、キリスト教の神学が果たした役割を考察する。最後にそれをふまえてナポレオンが実際にどのような「託宣＝神の言説」を紡いでいったのかを検証しよう。

1. ナポレオンと二つの教会

和親条約の意味

ナポレオンがローマ教会との間に和親条約を結んだ時点での、フランスの宗教事情はどういうものだったのだろう。

ナポレオンはルソーの愛読者で、社会はそれが「自然宗教」という形であっても何らかの宗教なしにはやっていけないことを心得ていた。第一統領となって権力を把握すると同時に、フランス革命以来一〇年に及ぶカトリック教会との戦いをやめる以外に国内の平和を修復することは不可能だと理解した。ヨーロッパ史にも通じていた彼は、王たちが臣民の中で多数派の宗教を採用することが必要で、自分の宗教を押しつけることはできないと理解していた。宗教戦争の後ではドイツの領邦国家も大公の奉じる宗教と民衆の宗教を一致させる形で再組織されたし、フランスの宗教戦争の後で即位したアンリ四世がユグノー（新教徒）の盟主ナヴァールの王でありながら、フランス王位に就いたときにカトリックに改宗することで四〇年にわたる戦乱を収めたことも知っていた。

そのアンリ四世は、一五九八年のナントの勅令によってカトリックとユグノーの市民的自由と平等による社会の基盤を築いたにもかかわらず、フランソワ・ラヴァイヤックという狂信的なカトリック信者によって暗殺された。真の「共生」は難しい。コルシカ生まれのナポレオンは民衆のマジョリティと同じ宗教に属していたから、それを最大限に利用しない手はなかった。フランスを安定的に統治するにはフランス人に伝統宗教の典礼の自由を再び与えることが必要だが、それは必ずしもフランス革命が廃止したアンシャン・レジームの教会を復活させることではない。民衆の宗教心の発露を受け止める枠組みを再建すれば足りる。軍人や市民とは別の「聖職者」という人種も政治的に利用価値があると思われた。

一八〇〇年の六月、二度目のイタリア遠征の時にナポレオンはローマ教皇庁との交渉を開始した。翌年七月に署名された和親条約は一八〇二年四月に国内法となり第一統領は宗教の再興者としてふるまうことができるようになった。和親条約によって復活した聖職者たちはいっせいにナポレオンの懐の深さをほめそやし、政府は「宗教の平和や祭壇を復活させるナポレオン」というテーマの絵画制作を含めたプロパガンダを開始した。すべてはナポレオンというカリスマを「宗教の救世主」であるかのように見せることに費やされた。

最大の問題は、ローマ帝国の国教となって以来一四〇〇年もヨーロッパの政治と結びついたカトリック教会、特にフランス（フランク王国）では、メロヴィング朝を倒したカロリング朝のピピン短躯王（ペパン＝ル＝ブレフ）が王位の正統性を担保するためにカトリック教会を味方につけて司教たちの前で戴冠（七五二）して以来、王と「聖性」がセットになっていたことである。

フランスのカトリック教会は革命により大きな打撃を受けていたが、「復活」するためにナポレオンの許可を待っていたわけではなかった。聖職者民事基本法（一七九〇―一七九四）下における立憲派司教で政治家アベ・グレゴワールの回想によると、和親条約が締結される三年前すでに三万四〇〇〇にのぼる教会が再び開かれていた。和親条約がカトリックを蘇らせたのではない。条約がカトリックの蘇生を広く知らせるための役割を担ったということだ。同時に、ナポレオンにとっては、和親条約でピウス七世の横に並ぶ姿を見せることは、「フランス人が教会に戻る」という物語の立役者として自分を位置づけるために欠かせないものだった。実際は、和親条約が実現したのは、教会の復活ではなくて、フランス国内における教会分裂の解消であった。

立憲派聖職者

和親条約が締結する直前のフランスのカトリック教会は、二つに分裂していた。まず、聖職者民事基本法を受け入れて共和国の公務員となることを受け入れ、一七九一年に憲法に宣誓した立憲派の司教と司祭という聖職者たちがいる。彼らには自分たちの教区や教会を維持することが許された。あるいは、ローマ教皇の指示に従って宣誓を拒否した聖職たちが追われた教区や地位をあてがわれることになった。革命期のはじめ、宗教者として唯一の「公務員」扱いだった立憲派カトリック聖職者たちは、比較的安全な立場にいた。もともと高位聖職者には貴族やブルジョワと出自を同じくする進歩的で啓蒙主義的な知識人エリートが少なくなく、彼らは人権主義、民主主義、法治主義に共鳴して、貴族やブルジョワ市民らとともにフランス革命の理念を準備するグループを形成していたので、ローマ教皇から破門されても憲法に宣誓することに抵抗がなかったのだ。憲法制定議会の議員の四分の一近くは聖職者が占めていた。

すでに一六世紀の宗教改革の激動を経て、国ごとローマ教会から離脱したイギリスの例も知っていたし、プロテスタント教会のあり方も知っていたし、何よりすでに絶対王政時代におけるガリア教会主義（司教の任命や教皇の教勅が有効になるには国内の議会の承認が必要であることなど）が浸透していたから、「ローマ教皇から破門される」ことへの抵抗の敷居が低かったのだ。

ところが、一七九三年に「恐怖政治」の時代に突入すると、立憲派聖職者もギロチン台で処刑される者があり、多くが聖職を去った。一七九五年、国民公会は公務員としての国教聖職者のシステムを正式に廃止して「政教分離」を進め「信仰の自由」を宣言した。その結果、立憲派聖職者の教会は、恐怖政治を生き延びた三〇人ほどの司教を中心に「再統合者《デ・レユニ》教会」の再建を図った。その中心になったのが『回想記』を残した前述のアベ・グレゴワールである。亡命していた聖職者も帰国し始めた。

一七九七年八月一五日の聖母被昇天祭に、最初の「公会議」がパリのノートルダム大聖堂で開始された。この後で多くの教会が再び典礼を開始した。この時点で、「立憲派聖職者」の教会は「再統合者《デ・レユニ》教会」として一応の「復活」を遂げたのだ。しかし、「政教分離」政策のせいで、国からの援助が得られないカトリックの地位は相対的に低下し、革命時に受けた損傷も甚大だったので、立て直しは簡単ではなかった。

一七九八年フランス軍がローマを占領した時にローマを去った教皇ピウス六世が、総裁政府の囚われ人となって翌年フランス・アルプスに近いヴァランスで客死するという事件が起こった。ナポレオンがエジプトから戻って、クーデターにより第一統領となったのはそのすぐ後だった。（ピウス六世の遺体は、和親条約後の一八〇一年にローマに返還された。その心臓と内臓は、一八一一年にヴァランスの住民の希望でヴァランスに戻されて今も崇敬の対象となっている）。

「再統合者《デ・レユニ》教会」は、もう一度「国教」の名のもとに「支配者」の管理下に置かれることを必ずしも

和親条約（コンコルダ）1800 年

望んではいなかった。一八〇一年の二度目の公会議ではナポレオンの和親条約に対して懸念が表明されている。共和国から切り離されて以来、カトリックの伝統と、立憲派の最初の姿勢である革命理念とをどう統合するかということは、彼らの最大の課題となった。

彼らの教会は、立憲派司教が残っていた都市部で活動を再開した。共和国主義が強いフランス西部の都市部の信者たちは、もともと立憲派教会に忠実だったので問題はなかった。ノルマンディのカーンでは五つの教区教会が「再統合者《デ・レユニ》教会」の手に渡った。しかし地方の教区では、立憲派の司祭が細々と典礼を続けていた教会をのぞいて、典礼が途切れていた。憲法に宣誓して公務員となっていた司祭たちの多くは働く場所を失い、聖職者の身分のまま教職などに転向していた。そのような潜在的な司祭が何千人もいて、一八〇二年に再編成されて発足した「和親条約後の新教会」に動員されることになったのだ。

二つの教会

こうして、和親条約後のフランスでは、立憲派聖職者が中心となって一七九七年に再出発した「再統合者《デ・レユニ》教会」と、ナポレオン主導の「和親条約教会」という二つの教会の統合が図られることになった。

「再統合者《デ・レユニ》教会」の中からは、アベ・グレゴワールのようにナポレオン側に移る者もでてきた。ローマ教会と和解したことによって革命後の非宣誓聖職者たちも復権したとはいえ、新しい教会の中心となるのは共和国の理念を共有した立憲派聖職者でなくてはならないと考えたからである。典礼の復活についてアベ・グレゴワールを必要としたナポレオンは、彼を何度もマルメゾンに召喚して、フランスの教会に平和をもたらす方法について話し合った。もう一人の立憲派聖職者であるル・コズ司教も一八〇〇年の二月以来、ナポレオンに接触して、「無宗教との戦い」の必要性を説いた。しかし、「再統合者教会《デ・レユニ》」の懸念は払拭されなかった。一八〇〇年一一月、一七九八年にアベ・グレゴワールによってブルターニュのフィニステール司教に任命されていたオドランが銃殺された。立憲派司祭だったオドランは憲法制定議会や国民公会の議員を歴任していた。オドランが殺されたのは、ブルターニュの民衆に支持されていた反革命軍ゲリラのフクロウ党（シューアン）や非宣誓派の聖職者たちに歩み寄りを見せず厳しい態度を貫いたからだ。

　和親条約の締結によるローマ教会との和解は、一七九一年における立憲派の選択を否認することを意味する。実際、和親条約のすぐ後で、ピウス七世に対して憲法への誓いの取り消しを宣言する司祭が続出した。宣誓取り消しの立場（すなわちローマ教皇からの破門状態）を最後まで貫いた少数の司祭たちは、「和親条約教会」が再編成された教区においてスケープ・ゴートとなったのだ。

　フランス革命の間、非宣誓派の教会は、完全に消滅していたわけではない。一七九一年に宣誓を拒否してから一七九四年まで、亡命した者、追放された者、投獄された者、処刑された者などが相次いだが、ロベスピエールの失脚後、五人の総裁が構成する総裁政府《ディレクトワール》によって国境が再び開かれたので、多くの聖職者が亡命先から戻り、非公式、非公認の地下活動の形で典礼を再開した。これら亡命から帰還した聖職者や貴族たちは総裁政府内の反王党派と結託して、一七九七年、旧制度への復帰を公然と標榜する勢力を議会へ送り込んだ。これにあわてて政府が助けを求めたのが、イタリア遠征中のナポレオンだった。軍人としてのナポレオンが後に「権力の座」につく可能性を開いた決定的な出来事だった。

この時の王党派を弾圧することによって革命時と同じような反教権主義の炎が再び燃え立ち、非宣誓聖職者らは再び亡命や追放の憂き目にあうことになった。一七九九年にエジプト遠征から突然帰還したナポレオンが元老院議長を買収し、弟のリュシアン・ボナパルトを五百人会議の議長にするなど周到な準備をした上で、ブリュメール（革命暦の霧月）のクーデターを遂行した。自分を含む三人の統領を戴く新たな政権が樹立された。このクーデターの時点で、非宣誓派の聖職たちの一部はまだ牢獄につながれていたり、南米のフランス領ギアナに追放されるためにロシュフォールの港で待機させられていたりした。しかし総裁政府《ディレクトワール》が初期に非宣誓聖職者の帰還を可能にした宗教の規制緩和の動きが完全に途絶えていたわけではなかった。ナポレオンの政権把握によってふたたび、亡命司祭の帰還と典礼の再開が始まった。非宣誓派司祭の教会は旧体制時代の組織を少しずつ再構築し始めた。亡命していた司教たちは教区と連絡をとっていて、非宣誓派司祭たちを司教代理に管理させていた。司教や教皇への従順を守り抜いた司祭たちは、自分たちの正統性を誇った。亡命から戻った聖職者たちだけではなく新しい勢力も誕生していた。総裁政府の初めに多くの新司祭が叙階されていたからだ。一七九五年から一七九七年にかけてパリだけで、一九一人の新司祭が南仏のサン・パプール元司教から叙階を受けた。革命の一〇年間に失った司祭の数を埋めるには遠く及ばなかったけれど、「ローマ・カトリックを復興する」という彼らの気概は活力につながり、和親条約にともなうナポレオンの新教会を担う有力グループになるかと思われた。

守旧派の非宣誓派教会

新しく叙階された司祭たちが積極的に動く守旧派の非宣誓派教会は、フランスで再興されるカトリックの二つの流れのうちでより攻撃的だった。革命時に失った地位を回復し、立憲派司祭たちに奪われた教会を再び取り戻そうとしたからである。そのためには立憲派司祭に従った信者たちを再獲得する必要がある。それには、ローマ教皇から破門されていた立憲派司祭たちから信者たちが受けた洗礼などの秘蹟が無効であると宣言する戦略が採用された。歴史家のアルフォンス・オラールは、『(革命暦)八年と九年(一八〇〇―一八〇二)におけるフランスの状況』(一八九七)の中で南西部タルヌ県の例を引き、元非宣誓派の司祭たちが乱暴であり、元立憲派司祭たちを追放し、彼らによって洗礼を授けられたり結婚を司式してもらったりした信者たちすべてに洗礼式と結婚式をやりなおしたこと、国の財産として没収された教会所有地を買った者たちに免償(告解の後に罪障消滅を与える赦しの秘蹟)を与えるのを拒否したことを挙げている。このことは、革命のすぐ後では、地方の一般の信者たちには教区の司祭が非宣誓派だったのか立憲派だったのかの区別がはっきりしていなかったことを示している。

一部の地方では「二つの教会」の問題が信者たちの間にも深刻な対立をもたらしていたとはいえ、和親条約の締結された一八〇一年の時点では多くのフランス人が、自分の住んでいるところから最も近い教会で司式している司祭のところに行って洗礼や結婚や葬儀などの「通過儀礼」を再開していたというのが実情だったのだ。革命前に複数の信心会をかかえる「町内会」のような機能を果たしていた「小教区」という暮らしの枠組みも少しずつ戻ってきた。とはいえ、革命前といえども、すでに「中世」ではない。啓蒙の世紀に生きて近代革命に辿り着いたフランス社会は、都市のエリート層でなくとも、もう天国と地獄のような人心誘導システムとしての宗教を信じてはいなかった。多くの人にとって革命前の教会は冠婚葬祭をつかさどる役所であり、女性に貞節を説き子供に従順を教える主流秩序を担保する場所でしかなかったのだ。

「神」の威光、祭壇と聖体拝受の神秘のオーラは、限りなく弱く魅力のないものになっていた。ナポレオンはこれをどう利用することができるだろうかと自問した。存在感を薄くした「神」の座を、軍人が奪う千載一遇のチャンスだと見たのだろうか。

立憲派司祭たちは革命以来担当していた教区を守ろうとした。一方、亡命先などから戻ってきた非宣誓派司祭や非宣誓派司教にあらたに叙階された新司祭たちは、革命以来放置された教会に目を向けた。放置されたままの教会や、市民に売却された教会、買い手のつかない聖堂などがあった。教会の買い取りには、その中に代々の墓所を持つ貴族が墓所を守るために革命中に名を変更して購入したという場合もあった。一八〇一年には、革命時の内乱で疲弊した民衆が社会の安寧と平和の回帰のシンボルとして、革命前のように「日曜日のミサ」を復活させたがるケースも出てきた。一八〇一年のイゼールでは何とか扉を開けることに成功した教会に人々が大挙しておしかけて、拒否する元司祭を無理やりに連れて行こうとしたという記録が残っている。この司祭は「共和暦八年（一八〇〇年）憲法」への忠誠を誓うことを拒否していたので公の場所での典礼司式を禁じられていたのだ。

教会の役割

通過儀礼としての教会の儀式としては、洗礼、初聖体、堅信礼があった。日本の「お宮参り」のように誕生を祝う幼児洗礼の後で、七五三のように子供の成長を祝う場となる「初聖体」があり、「堅信礼」によって共同体の若いメンバーとなる。「初聖体」を受けるには「公教要理」のクラスに通う必要があり、「堅信礼」は司祭ではなく司教からの聖油の塗油が必要となる。多くの新司祭を叙階したサン・パプール元司教は一八〇一年六月、パリのサン・ロック教会でミサを司式した後、サン・ニコラ・デ・シャルドネ教会において四二〇人の子供たちに「堅信」の秘蹟を与えた。

子供たちの通過儀礼だけではなく、市民たちが教会に戻る契機となった出来事があった。一八〇一年二月に締結されたリュネヴィル条約の後で、神に感謝する「テ・デウム」の祈りが捧げられたことだ。一八〇〇年六月のナポレオンによるマレンゴの戦い、一二月のホーヘンリンデンの戦いでオーストリアに勝利しフランスが、ラインの西、オランダ、ベルギーなどを手中にして地勢に依る「自然国教」論を認めさせたことで、第二回対仏大同盟が解消して休戦が実現した。フランス革命勃発以来一〇年以上にわたる戦争状態がいったん停止したのだ。人々は教会に押し寄せた。司祭たちはこの好機をとらえ、パリの教会で歌われる神の賛美の「テ・デウム」に参加するためやってきた人々は平穏と秩序の空気を共有した。

その多くにとっては、それは、カトリック教会への忠誠心の復活ではなく、愛国心の発露であった。その発露が「聖性」の付与を求めた。長い不在の後で教会にやってきた人々は「聖なる場所」を再発見した。とはいえ革命前、啓蒙の世紀に生きるパリ市民はすでに古い形の信仰から離れつつあった。一九世紀の初めの「教会再興」の時点でミサに参加していたのはほとんどが女性だった。

西ブルターニュではより多くの人々がミサに戻った。教区の再編成と司祭の有無によって地方で多くの隔たりができた。ある憲兵は、二人の司祭が聖体祭に昔ながらの大掛かりな行列を組織して銃を抱えた人々とともに鐘や太鼓を叩く大騒ぎをしていたと報告している（イゼール県一八〇二年七月）。

農村部においては、「教会」と教区の復活は、先祖から続く生活の復活を意味するものだった。教会の鐘が再び鳴り響いて時を知らせた。教会の鐘は、夜明けと日没を基準にして割り当てられる時禱に従って鳴らされていたので、夏と冬では日中の一時間の長さが違った。緯度の高いフランスではその差が少なくないが、農耕や家畜の世話には適した自然時間だった。その鐘が鳴らなくなったのは恐怖政治の頃からで、鐘は大砲を作るために供出されて溶かされた。村人たちによって隠された鐘もあり、それは「平和」が訪れた時に再び備え付けられ鳴らされた。

都市部では和親条約の初期に与えられた細かい規定がよりよく適用されるはずだったが、司教たちによって何度も勧告されていることから、フランス中で鐘の鳴る時間が一定していなかったことがうかがえる。ともあれ、革命暦が正式に廃されるよりも前に、鐘の音によって、時はキリスト教暦を再び刻み始めた。日曜日のミサを告げる鐘で一週間が始まり、農作業や収穫のリズムと連動した復活祭などの移動祝祭日が暮らしに活力を吹き込んだ。復活した鐘の音にナポレオンの心が共鳴した。シャンパーニュの士官学校でナポレオンと同窓生でありのちに個人秘書となったド・ブーリエンヌは「教会の鐘の音はボナパルトになんとも言えない不思議な効果をもたらすのだった。それが聞こえるたびに彼は歓喜に満ちた」と回想録に書き残している。セント・ヘレナ島でもナポレオンは鐘の音を想起している。

教会の典礼に従って生活が立て直されると同時に、中断されていた「巡礼」も復活した。統領政府の初めから、ノルマンディやブルターニュのノートルダムの聖地へ向かう巡礼者たちが現われた。一七九三年にサン・ドニのカテドラルが襲撃・略奪されたときに、ある司祭が信者に託して守った聖ドニの聖遺物が再び陽の目を見た。各種の行列も復活し、プロテスタントの多い町では聖体祭の行列に対して禁令が出たほどだった。復活祭の前の四旬節には禁欲を説く説教者が民衆の前で熱弁をふるう光景が再び見られるようになった。総裁政府から帝政まで警察省の大臣であり宗教に対して一貫して厳しい態度取っていたジョゼフ・フーシェは、宗教者による煽動を警戒し、パリのアベ・ギヨン（非宣誓派で有能な説教師、神学者、革命中は医師として生計を立て、のちにパリ大司教区特別参事となる）、リヨンの司教代理アベ・ランソラ、アベ・フルニエ（民衆と対話型の説教者、後のモンプリエ司教）らを次々と検挙した。「信教の自由」は厳しく監視されていたのだ。

修道会の再生

和親条約後の教会を再編成するにあたって、大切なのは司祭養成のための神学校を再開することだった。旧体制下のフランス各地に二〇ばかりの神学校を有していたサン・シュルピス修道会の元総長エムリーは、和親条約の締結前の一八〇〇年の一二月に聖職者志願者を迎える施設をパリに作った。最初の年に九人の志願者が通った。

革命で解散させられて各地に亡命していた修道会も息を吹き返していた。ロシアに亡命していたアベ・レストランジュに率いられたトラピスト会は、一八〇一年にスイスに戻ってきた。一八〇〇年一二月、ナポレオンの内務大臣であったジャン＝アントワーヌ・シャプタルは旧体制下で都市の福祉事業の担い手であった「愛徳姉妹会」の総長に「病院で働くための生徒の養成」を認可するという形で修道女の養成を許可した。「愛徳姉妹会」は活動拠点であったパリに戻ってきた。地方における社会活動に特化された他の女子修道会の再開も、次々と許可された。

一方、一七九九年に結成された「信仰の司祭会」は、イエズス会の残党だとして警戒された。彼らは一八〇〇年六月からサルペトリエール病院付きの司祭としてパリに戻り、私的礼拝堂や学校を設立した。一七九一年に創立され一八〇一年にローマ教皇から認可された「イエスのみ心の修道会」創始者のド・クロリヴィエールは、新興カトリックの影響力をあやぶんだフーシェから警戒された。一八〇〇年一二月二四日に起こった王党派によるナポレオン暗殺未遂（サン・ニケーズ通りのテロ）の首謀者の一人リモエランが甥であったことから嫌疑をかけられた。一七九一年に「マリアのみ心の姉妹会」を創設したアデライド・シャンピォン＝シセも一七九九年に総裁政府の警察から「狂信主義《ファナティズム》」で逮捕投獄されたことがあるが、リモエランを匿ったと嫌疑をかけられた。

それでも、ナポレオンにとって、これらの修道会の実質的な復活は都合の悪いことではなかった。旧体制下ではカトリック教会が民衆の冠婚葬祭を管理し、修道会が病院、学校、孤児や貧者を救済する施設などをすべて統括していた。カトリック教会を廃した革命政府は「共和国」の理念を正当化するために、それらすべてを引き受けなくてはならなくなった。冠婚葬祭の管理はすすめられたが、社会福祉の実績は一朝一夕では得られない。和親条約には「修道会」という言葉は出てこない。理論的には禁じられたままだった。

すでに福祉のノウハウを持つ修道会が戻ってきて、「市民」という形で社会事業を再開してくれることで政府の負担を軽減することができる。ナポレオンは社会事業の慈善主になる必要はなかった。社会の「基本仕様」として出来上がっていたカトリックのネットワークを再復活させる「解放者」であるだけで十分だったのだ。ナポレオンがなりたかったのは「神」である。民衆の生活に「聖性」の観念を蘇らせ、カトリック教会の経験資産を有効利用しながら社会秩序を保証した上で、その上澄みである「聖性」をわがものにすることこそが最優先の課題だったのだ。

ダヴィッド
「グラン=サン=ベルナール峠を越える第一統領」

信者側の組織としては、中世以来旧体制下の互助組織でもあった「信心会（兄弟会）」の代わりに、一八〇一年に新しい信徒組合が誕生した。革命期にもパリに残って自宅で若者たちに黙想修行を指導していた元イエズス会のデルピュイ神父が、一七世紀以来発展していた聖母共同体をモデルにして作ったもので、医学部の学生を中心に二年で一〇九人ものメンバーが加わった。和親条約下の新たなキリスト教フレームの中でエリートを育てることが目的だった。南仏では時にメンバーの葬儀に欠かせなかった兄弟会も復活した。ノルマンディでは慈善信心会が復活した。革命の後で教会が閉じられ信心会も解散した時期には、死者は司祭による「終油の秘蹟」も受けられず葬儀ミサも行われなかった。再編された兄弟会はカトリック墓地を修復し死者を弔った。空白を取り戻すかのように洗礼や結婚も執り行われた。

カトリックが民衆の中で影響を取り戻しすぎることを恐れたフーシェは、一八〇一年五月、教会の鐘を鳴らすことの禁止を確認し、知事たちに教会を監督して過激な保守教会は閉鎖するようにと「信教の自由」を制限した。二月に発布された共和暦八年憲法への従順を誓わなかった司祭による典礼も禁止したが、和親条約へ向けての交渉が進む中で、これらの対処法は功を奏するには程遠くなった。

とはいえ、一〇年の間、公教要理の教育も途絶え、司祭なしで暮らした小教区の中には、教会なしの暮らしに慣れてしまった信者も少なくなかった。一七九八年に生まれ、洗礼を受けず教会にも通わなかった歴史家のジュール・ミシュレー（『フランス革命史』の著者）のように、信教の自由下での宗教行為は「個人」のものであり、共同体のものではないという立場をとる者が現われた。共同体による同調圧力が存在する地域はあったにしても、革命後のフランスにおいてカトリック信者であることは個人の「選択」の結果であると合意された。だからこそ、和親条約の中で、カトリシズムはもはや「全フランス人の宗教」ではなく、「最大多数のフランス人の宗教」という位置づけで表現されたのである。同時に、旧体制下の無自覚な冠婚葬祭のみの信者たちが振り落とされて、信仰篤い新しい「保守派」の信者が誕生した。

旧体制下でマイノリティだったプロテスタントの共同体も革命時に同様に打撃を受け、統領政府で息を吹き返したものの、牧師の不足によりその再建は遅々たるものだった。その信者数も革命前より減っていたとはいえ、すでにルイ一四世によるナントの勅令の廃止（一六八五）以来、地下活動を余儀なくされていたので、一八〇〇年にナポレオンによって認可されたことは進歩だった。それだけにピウス七世との和親条約の成り行きは懸念されたが、一八〇一年七月に条約が締結されたすぐ後の秋にナポレオンはプロテスタント信者の身分を保証する特別条項を付与して安心させた。革命時の反宗教政策の影響が比較的少なかったアルザスやライン地方のルター派の回復は早かった。一〇年間の亡命から帰還したシャトーブリアンは、一八〇二年にカトリックの復興のシンボルとなる『キリスト教の神髄』を用意して、カトリックの教義と典礼の詩的美しさ、美術と文明への貢献を訴え、啓蒙の世紀のヴォルテールの合理性とは袂を分かつ護教論を掲げて、ロマン派の世紀を準備した。

2. 教皇と皇帝と王

皇帝の聖性

ともあれ、革命時の聖職者民事基本法を修正したような形にせよ、聖職位階制を復活させ、非宣誓派の司祭や司教の帰還を認めたことで、カトリックは再び国教に近い地位を占めることになり、和親条約前夜の「二つの教会」の分裂は解消へと向かった。教区の再編成は教会と国家の協議で決めることとなり、聖職者の公定俸給を政府が支払うことと国家への忠誠宣言が抱き合わせになった。

民衆の生活と伝統に根差した「聖なるもの」の枠組みがとりあえずの回復した後で、「実は神になりたい男」にとっての次のステップが、「皇帝になること」であった。

ナポレオンは「王」ではなくて「皇帝」にならなくてはならない。その理由はいくつかある。キリスト教ヨーロッパの歴史の中で併存してきたローマ教皇と神聖ローマ皇帝の関係の踏襲がその一つで、もう一つはフランス革命が否定して打倒することになった絶対王政の「王権神授説」の巧みな回避であり、最後には「帝国」の標榜する普遍主義との親和性がある。

キリスト教を広めながらヨーロッパを統一に導いたフランク王国のシャルルマーニュは、八〇〇年にローマ教皇から皇帝として戴冠された。三九二年にキリスト教を国教としたローマ帝国が東西に分裂した後、異民族の侵入により四七六年に滅亡した西ローマ帝国に代わるヴァーチャルな権威だった。いたるところで世俗の領主の権力が増大し、シャルルマーニュの父から教皇領を寄進されていたローマ教会も封建領主となっていた。九六二年からは領邦国家の選挙侯から選ばれるゲルマン系神聖ローマ皇帝が誕生した。けれどもクリュニー修道会など少数の修道会がキリスト教の理想を更新し、グレゴリウス七世（在位一〇七三―八五）による大改革が実を進んで教会は世俗に対する優位をいったんは確立した。

しかしその後の一二―一三世紀にはカンタベリー司教トマス・ベケットの暗殺などに見られる封建国王とローマ教会の確執が深刻化した。十字軍、レコンキスタ、巡礼ブーム、ゴシック様式カテドラルの建築、トマス・アクィナスによるアリストテレス論理学と神学の統合などによってキリスト教が完全にヨーロッパの「基本仕様」となっていたからこそ、その内部で「皇帝」と「王」と「教皇」による覇権争いが激化したとも言えよう。

「皇帝派」は自らの聖性の根拠を「ローマ皇帝がローマ教皇よりも前から存在した」という歴史的な事実に置いた。古代ローマ皇帝は生きながら自らを神格化した。「皇帝権」は「教皇権」には由来しない。だから教皇による「聖別」を受けなくても「聖性」を有すると主張した。

バイエルンのルートヴィヒ四世（在位一三一四―一三四七）は法学理論によって武装した帝国勅令「リ

ケット・ユーリス」（Licet iuris）の発布によって、選挙によって皇帝に選出された者が教皇の聖別なしに直ちに「真のローマ王にして皇帝になる」と規定して、教皇絶対権を否定した。ローマ法をベースに発展した教会法の研究が法学を発展させ、「法学者＝司祭」というアナロジーが生まれ、ローマ法哲学によって皇帝に聖職者的性格を回復させる試みがなされた。

王権の聖性

「王権派」は、王権授与をめぐって「教皇の権威」か「皇帝の権威」のいずれを後ろ盾にするのかという問題から派生した。ノルマン王であったルッジェーロ二世がシチリア王国の王位（在位一一三〇―五四）を授与されるにあたって、教皇と皇帝の間で叙任権闘争が起こった。この時の法令序文は神への奉献によって王の職務に司祭としての特権が付与されるのだと主張している。法学者自身も「法の司祭」とされて世俗国家の聖性を補強したのは皇帝派の場合と同様であり、世俗国家に新たな聖性を付与することに成功した。

しかし理屈はどうあれ必要なのが「それらしい儀式」である。王が、皇帝も教皇も回避して「聖性」と「権威」を身にまとうためには、皇帝や教皇よりも上位の絶対者が必要であり、それは「神」以外になかった。「神」から「聖性」を授与されることを可視化するためには「超自然」の媒介を必要とする。最初にその「物語」を開始したのが、ランスのノートルダム大聖堂で行われたクローヴィス王の洗礼式（四九六）の時に、白鳩（聖霊のシンボル）が運んできた聖油をレミ司教が王に塗布したという話だ。塗油と王位が結びつくのは旧約聖書で「メシア＝キリスト」とはもともと「塗油された者」という意味で、イスラエルの最初の王サウルも、「サムエルは油の壺を取り、サウルの頭に油を注ぎ、彼に口づけして、言った。『主があなたに油を注ぎ、御自分の嗣業の民の指導者とされたのです。』（サムエル記上 一〇、一）」という経緯で王となり、その後に続くダビデも油を注がれた。

聖油の塗布というのは、カトリック教会で堅信礼をする時や終油の秘蹟（今は病者の秘跡）の際にもなされるもので、司祭ではなく司教が聖別した油ということになっている。ヨーロッパのカトリック国の歴代の王は「戴冠式」も「秘蹟」とするために司教からの「聖油の塗布」を採用して、塗油された瞬間から霊的身体を持ち、臣民はもちろん王以外の世俗的権力者にも優越するとしたのだ。もちろん普通の司教が聖別するだけの聖油では特別感が乏しいから、白鳩に運ばれてきて以来減ることのない聖油だとか、塗油の後で王が瘰癧《るいれき》患者に手を触れると奇跡の治癒が起こる、などという神話やパフォーマンスが必要だった。「王権神授説」が誕生した。

そうして獲得された王の「霊的身体」は、「政治的身体」でもあり、「正義」の源泉でもあるとされた。イングランドのジェームズ一世は『自由なる君主国の真の法』（一五九八）の中で、君主が議会から自由な立場で法律を制定できるとした。しかしイギリスでは、一七世紀に立て続けに起こった清教徒革命や名誉革命によって、議会に対する王の優越は失われ、霊的身体もシンボルにすぎないと法的に規定され直した。一方で、宗教改革とユグノー戦争の後のフランスは、カトリックによる聖性のシステムを継承することを選んで「王権神授説」を強化し、絶対王政は一七世紀のルイ一四世で絶頂に達した。

「王権神授説」の論客には、イングランドの政治思想家ロバート・フィルマー、フランスの法学者ジャン・ボダン、司教ボシュエなどがいる。フィルマーは『父権論』（一六八〇）で、国王の絶対的な支配権は人類の祖であるアダムに神が与えた子孫への父権に由来すると述べ、ボダンは『国家論』（一五七六）において、臣民や他の権力者に縛られない絶対権力者の主権を唱えて、宗教改革で内戦状態だったフランスに向けて「絶対権力者」による秩序の回復と正義を訴えた。国王が「神の代理」であれば、正義は保証される。モーの司教でルイ一四世の王太子に講義をしたジャック＝ベニーニュ・ボシュエは『世界史叙説』（一六八五）の中で、神は国王を遣わし、国王を通じて人々を支配する」「国王の人格は神聖である」と述べ、聖職者らしく新約聖書の『ローマの信徒への手紙』の一三章を援用する。

「人は皆、上に立つ権威に従うべきです。神に由来しない権威はなく、今ある権威はすべて神によって立てられたものだからです。従って、権威に逆らう者は、神の定めに背くことになり、背く者は自分の身に裁きを招くでしょう。実際、支配者は、善を行う者にはそうではないが、悪を行う者には恐ろしい存在です。あなたは権威者を恐れないことを願っている。それなら、善を行いなさい。そうすれば、権威者からほめられるでしょう。

権威者は、あなたに善を行わせるために、神に仕える者なのです。しかし、もし悪を行えば、恐れなければなりません。権威者はいたずらに剣を帯びているのではなく、神に仕える者として、悪を行う者に怒りをもって報いるのです。」（ローマ一三、一―四）という部分は、パウロが初期キリスト教共同体の信徒たちに、世俗の権威とぶつからないようにと勧めたものだった。

教皇派の主張とナポレオン

「教皇派」はボニファティウス八世（在位一二九四―一三〇三）が教皇勅書『唯一の、聖なる〝Unam sanctam〟』によって教皇が世俗と宗教の両方の領域で至上権を有していると述べたことを根拠にして、皇帝や王の聖職者としての性格を弾劾した。

ヨハネ二二世（在位一三一六―三四）も、王への塗油は「秘蹟」ではなく王の聖性を保証するものではないとした。即位した王の行う「癒し」のパフォーマンスも異端であるとされた。「塗油の秘蹟」は司教による司祭の叙階や司教叙階の際にもなされるもので、それによって聖職者は無酵母パンをイエスの体に変える聖餐式という「神降ろし」を行える権能を授けられる。聖霊によって力を授けられて不思議な業やしるしを行った使徒たちの後に続くわけである。

ナポレオンはローマ帝国からローマ教会、神聖ローマ帝国から絶対王権へと継承されてきたこのヨーロッパの歴史を熟知していた。

一神教ではない日本のような国ならば、統治者が「建国の神の子孫」であるとか「現人神」であるというレトリックも可能であるし、死んだ後で神として祀られるという選択もある。しかし一神教の「超越神」は触れることも見ることもできない。この世における「力」は、神のお告げなどによって「神より賜ったもの」という形でのみ聖化される。

もとよりヘレニズム世界に存在した自然権の思想が、一神教の「神の前の平等」と相まってカトリック教会の「普遍主義」を形作っていた。その普遍主義に支えられた平等思想が中世には形骸化していたが、ルネサンスの時代に「人間中心主義」という形で復活し、啓蒙の世紀の「人権思想」として展開した。

ナポレオンも啓蒙の世紀の申し子である。彼はフランス革命の「王殺し」を、自らを神格化していた「王＝神」の支配から人民を解放する運動であったと解釈していた。その後で自分が「神になる」ためには、再び「超越神」の助けを要請するわけにはいかない。ましてや「王権神授」を否定した革命の後で、のこのこと「王」を自称するわけにはいかなかった。新たな神を創始する以外に手立てはない。ヨーロッパの歴史の中でせめぎ合ってきた「皇帝」、「王」、「教皇」の三つ巴をどのように超えれば「神」になることができるのだろうか。

「王」は倒された。「皇帝」軍は破った。神聖ローマ皇帝の称号は最早なく、「皇帝」の称号は使える。さすがに「教皇」にはなれない。しかし「教皇」を従わせることはできた。教皇をパリに呼びつけて戴冠式に立ち会わせることで、自分がカトリック教会の聖職者による「塗油」などなくても君臨できることを証明できる。

ローマ皇帝はキリスト教誕生以前から神格化されていた。とりあえず皇帝になることが必要だった。「帝国主義」は普遍主義のヴァリエーションである。カトリック教会が世界中に福音を宣べ伝えることを「普遍」としているように、「帝国主義」は世界中に普遍的な「権力」を及ぼすことを使命とする。ナポレオンはまず「皇帝」になる必要があった。

後は、迫害され分裂していたカトリック教会の枠組みを再建することで恩を売り、人々に「神」とは何か、「聖性」とは何かを再び思い起こさせる必要に合致するアリバイ装置とした。生活のすべての場面で「神」を、「聖性」を、「力」を、「恵み」を渇望させなくてはならなかった。そうして復活させた「教会」のコンテンツは巧妙にすり替えられているはずだった。聖母マリアが聖ナポレオンに、カトリック教会の公教要理は帝国公教要理になり、自分に忠実な高位聖職者たちによって必要で十分な各種の典礼が司式された。すべてはナポレオンが「神」になる道へと通じていた。

3．「人が神になる」可能性とキリスト教

神が受肉することの意味

ナポレオンは、「神懸かり」でもなく「神にとって代わる」のでもなく「神」を演じたのでもなかった。「神になる」という野心の根っこにはキリスト教の土壌がある。

他の多くの宗教にも「父なる神」という父権的イメージは存在する。神は「巨大な父」として子供である人間に教えを垂れ、守るべき戒律を与え、命令に従うことを要求し、従った者は保護し、時には報奨を与える。

キリスト教は、神が人間の姿に「受肉」して地上で生まれて死んだイエス・キリストを「子なる神」とすることで、神と人、父と子の間に革命的な橋をかけた。

旧約聖書にもすでに「あなたたちは神々なのか／皆、いと高き方の子らなのか」（詩編八二、六）と神の子の「神々」という言葉が出てくる。これを想定したイエスは、ユダヤ人たちから石で打ち殺され

そうになった時、「(石で打ち殺すのは) 神を冒瀆したからだ。あなたは、人間なのに、自分を神としているからだ。」と言われて、「あなたたちの律法に、『わたしは言う。あなたたちは神々である』と書いてあるではないか。神の言葉を受けた人たちが、『神々』と言われている。そして、聖書が廃れることはありえない。」(ヨハネによる福音書一〇、三三―三五) と答えた。有名な山上の垂訓においても人々に、「だから、あなたがたの天の父が完全であられるように、あなたがたも完全な者となりなさい。」(マタイによる福音書五、四八) と、「神」のようになることを推奨する。

ペトロはキリスト者に向けて、「この栄光と力ある業とによって、わたしたちは尊くすばらしい約束を与えられています。それは、あなたがたがこれらによって、情欲に染まったこの世の退廃を免れ、神の本性にあずからせていただくようになるためです。」(ペトロの手紙二一・四) と、人が「神の本性」にあずかることができると書いている。

パウロもまた、「わたしたちは神の子孫なのですから、神である方を、人間の技や考えで造った金、銀、石などの像と同じものと考えてはなりません。」(使徒言行録一七、二九) と人が「神の子孫」だと言い、「この霊こそは、わたしたちが神の子供であることを、わたしたちの霊と一緒になって証してくださいます。もし子供であれば、相続人でもあります。神の相続人、しかもキリストと共同の相続人です。キリストと共に苦しむなら、共にその栄光をも受けるからです。」(ローマの信徒への手紙八、一六―一七) と書いた。子なる神も「勝利を得る者を、わたしは自分の座に共に座らせよう。わたしが勝利を得て、わたしの父と共にその玉座に着いたのと同じように。」(ヨハネの黙示録三、二一) と約束している。

神と人間の関係がこのように相互的、双方向であり得るのは、キリスト教に特有なものだ。もちろん愛ゆえに「神が人になる」という前提は共有されても、「人が神になる」ことについてはいろいろな解釈がなされる。

しかし少なくとも、初期の教父時代には、「人が神になる」すなわち「神格化」するという考えは珍しいものではなかった。イエスが「人間の神格化」の起源でありモデルであると見なす伝統は、東方教会に常にあった。

アレクサンドリアのクレメンス（一五〇―二一五）は、「神の言葉が人となったのは人がどのように神になることができるかを学ぶためだった」と述べ、ニュッサのグレゴリオス（三三五―三九四）は「人は力において小型の神である」と言い、セザレのバジル（三三〇―三七九）は「人とは神になるようにと呼ばれた動物である」と言った。ところが、この「神格化」はローマ時代の終わりには敬遠されるようになり、中世にはすっかり姿を消した。偽ディオニュシウス・アレオパギタは五世紀ごろに「神格化とは神と似たものに到達することで、可能な限りで神と一つになることである」とトーンを下げている。

高度な官僚システムとしてのローマ・カトリック教会が信徒のあり方を管理するようになってからは、神と人との間には超えられない大きな溝ができていった。

宗教改革以降は、一七世紀のケンブリッジのプラトン学派が人間が神の賜物である理性によって神と直接つながると言い、カルヴァンが「人は神の協働者」だと位置づけ、アルベルト・シュヴァイツァーが「人を救う欲求そのものが神である」と言ったり、ウラジミール・ソロヴィエフが「人は神の自由な協力者であり、それによって『神―人』は『神―人間性』となる」と述べたりするなど、「神格化」思想は息を吹き返したかに見えた。

聖人から神へ

ナポレオンが「神になる」野心を抱いた背景には、このようなキリスト教における「神と人間」の独特の関係があった。

古来、人間と「神的な存在」との関係には、祈願する者とそれをかなえるものという関係がある。その祈願は病の治癒、戦勝、災害の回避、富や権力の獲得など多岐にわたる。

そのような祈願をかなえる「超能力」があると認められた者は生きながら「神」として崇められるし、そのような「偉人」が死んだあとは神として祀られる。生前に有徳者として崇敬された者が死後に神に昇格する場合もあるし、逆に非業の死を遂げた者の祟《たた》りを鎮めるために神として祀った上で祈願をかなえる権能へと移行する場合もある。雷や洪水や地震などの天災をもたらす自然の脅威を神として崇めてコントロールしようという試みもある。それらにはいつも「取引」の側面がある。事前に供物を捧げたり、願いが聞き届けられた時にはさらに感謝の奉納をしたりする。立派な「神殿」を造る。祭司と典礼を整える。

その儀式を怠ったり他の神に祈ったりすると、神罰が下る可能性もあり、それをなだめるさまざまなシステムも創られる。

キリスト教の神は、その始まりにおいて、このような願望によって駆動するシステムを転覆した。

神自らが「犠牲」となってすべての人間の罪を贖《あがな》い、無償の愛で救いを与えるという。イエス・キリストの十字架がそれを物語る。ところが、人は相変わらず病に災害に戦争に悩まされ続け、「祈願」のシステムを必要とし続けた。カトリックでそれをケアしたのが各種の聖人崇敬だった。聖人たちは身近な専門性を振り当てられて「安産」「失せもの」までの祈願を神にとりなしてくれる。

宗教改革の時代にはそのご都合主義を廃したプロテスタントが、「取引型」の宗教が陥る欺瞞を拒絶して「自助努力」の宗派を創始した。

カトリックを温存した国々では神から王権を授かった王たちが「生ける聖人」の立場で臣民に恩恵を授けるというスタンスを維持していた。ナポレオンはこのような「神の仲介者」としての「王」を倒したフランス革命の後に現われた。彼は「聖」ナポレオンやローマ教皇などのシンボルを有効に使いはしたが、自らが狙ったのは「聖人」になることではなく、神になることだった。それは古来連綿と続く「祈願の対象」の神々ではなく、キリスト教が誘い促す「神と一つになる」プロジェクトだったのだ。だからナポレオンの「自己神格化」は、普遍的な価値を想定してすべての人間と共に高みへとのぼるという協働性を内包していた。古代のローマ皇帝が神として自らを拝ませることを臣民に強制したこととは別のベクトルがそこにあった。ナポレオンの神のモデルは「人が神となる」契機を残すキリスト教の神にほかならない。

ナポレオンがピウス七世に勝てなかった本当の理由

けれどもナポレオンは道半ばで挫折した。一方、ナポレオンに拉致され幽閉もされたローマ教皇ピウス七世は、そのオーラを取り戻した。一体何が起こったのだろう。

ゲーテはセント・ヘレナ島でのイギリス総督ハドソン・ローの言葉として、ナポレオンが「自己を絶対にまで高めて、一切をある理念の実現のために犠牲に供すること」の危険を身をもって示すために、ナポレオンの最期の日々を管理したのだと述べている。

ゲーテは「宗教とその儀式の効用をナポレオンでさえ無視しなかった」ことも観察した。問題は、ナポレオンにとってのベースとなる宗教が「キリスト教」という特殊なものであったことだ。多くの古代宗教は、神話や自然の脅威と結びついた様々な神の怒りを鎮めたり加護を願ったりする儀式を、社会の指導者や支配者が管理することで成り立っている。ユダヤ教は民族の祖先（アブラハム）の神が、民族の危機の中で最高神となりさらに唯一神へと進化する中で成立したもので、神に姿も名前も与えない例外的な「一神教」であった。それでもわかりやすい「形のある神」を求める人々の心性には変わりなく、「偶像崇拝」への逸脱は何度も神の怒りを誘発してきた。ところが、ユダヤ教世界からローマ帝国のヘレニズム世界に伝播して成立したキリスト教は、ナザレのイエスという歴史的な人間の死と復活を通して「父なる神」と「子なる神」という人間的な関係性を可視化させ、そこに「名もなく姿もない聖霊」を介在させた「三位一体」という形で「偶像崇拝」の心性をも取り込んで発展した。

キリスト教の特徴は、イエスと、イエスの復活と昇天の後でその再臨を待つ間に「福音」を宣べ伝えよという使命を帯びた弟子たちとの関係にある。そのことは、特にナポレオンが生きたヨーロッパのベースとなったローマ・カトリック教会の伝統の中で「十字架」と結びついた。カトリック教会は使徒ペトロの後継者とされるローマ教皇に収斂する十字架の形でイメージされた。ペトロがイエスのことを「あなたはメシア、生ける神の子です」と言った時に、イエスは「あなたはペトロ。わたしはこの岩の上にわたしの教会を建てる。陰府の力もこれに対抗できない」（マタイ一六、一六―一八）と答えた（ペトロとは岩の意味。これによりシモンがペトロとよばれるようになった）。東方教会が復活のイエスの栄光を強調したのに対し、ローマ教会は中世以来、信仰を助けるものとしてイエスの受難のシンボルである十字架や磔刑図を強調してきた。

すなわち、基盤となる岩に教皇であるペトロを配し、その上に十字架が打ち立てられた。岩に直接立つ十字架の縦木はカトリック教会が積み上げてきた教義であり、信者はそれを伝うことで天へ向かう。しかし十字架の横木の方は、地上の人間に向けた神の慈愛（ミゼリコルド）であり、これがあるからこそ、罪ある人も救われる。「福音」とは、十字架の構造から生まれたダイナミズムを通して発せられるものだ。

ペトロの継承者であるローマ教皇ピウス七世に対抗して、いったん十字架を撤去したフランス革命とナポレオンは、ヨーロッパに浸透しているこの構造、そしてプロテスタントの登場による内戦終結以来フランスが公式に継承したこの構造を、無化することはできなかった。

ナポレオンは革命前のカトリック教会を復活させて、人心を安定させ伝統を再興することができる場所と典礼を復活させたが、「ペトロという岩の上に立った教義と慈しみの十字架」という構造のコンテンツは巧みにすり替える必要があった。ペトロの代わりの基盤となるのは、もちろん皇帝ナポレオンである。その岩の上に立つ縦木は「ナポレオンの公教要理《カテキズム》」で、横木となるのが、全世界制覇という横に広がる帝国主義であった。

結果的にナポレオンの十字架が崩れ、ペトロの継承者であるピウス七世の十字架が崩れなかった最大の理由は、ナポレオンが「ペトロ」という岩の持つ「強さ」に対する洞察を欠いたからだ。イエスが自分の教会を建てるといったペトロは、とりたてて強くもなければ忠誠心や信仰心ですら盤石なものではなかった。イエスもそれを承知していた。

逮捕される前の「最後の晩餐」の後でオリーヴ山に弟子たちと向かうイエスが、「今夜、あなたがたは皆わたしにつまずく」と予言した時、ペトロは「たとえ、みんながあなたにつまずいても、わたしは決してつまずきません」と断言したが、イエスに「はっきり言っておく。あなたは今夜、鶏が鳴く前に、三度わたしのことを知らないと言うだろう」と切り返された。ペトロは、「たとえ、御一緒に死なねばならなくなっても、あなたのことを知らないなどとは決して申しません」(マタイ二六、三一—三五) と言ったものの、そのすぐ後でイエスが「悲しみもだえ」て「わたしは死ぬばかりに悲しい。ここを離れず、わたしと共に目を覚ましていなさい」(同三七—八) とまで言った時に、すでに他の弟子とともに眠りこけていた。

すべてはイエスの言ったとおりになった。イエスが逮捕された後で、ナザレのイエスと一緒にいた仲間だろうと詰問されたペトロは、「呪いの言葉さえ口にしながら、『そんな人は知らない』と誓い始めた」(同七四) のだ。復活したイエスを見た時は湖に飛び込んでまでかけつけたが、イエスから三度も「私を愛しているか」と問われた (ヨハネ二一)。

その後ペトロはイエスの福音を告げ続け、様々な奇跡も起こしながら、ローマの初代司教となってキリスト教迫害に遭い、逆さ十字架にかけられて殉教したとカトリック世界では伝えられてきた。すなわち、イエスが教会を建て、カトリック教会が教義の柱を立てた「岩」であるローマ教皇とは、師を見捨てたり裏切ったりした弱さを持ち、最後も師と同じように残酷に処刑されるという逆説的な存在であり、強さや覇権主義とは対極にある「罪びと」を内包していたわけである。イエス自身が「父なる神」につかわされて、全人類の救いのために鞭打たれ十字架の上で身を捧げたのだから、キリスト教には神の名によって辱められたり苦しんだりすることに霊的な喜びを感じる伝統が生まれた。ペトロの「岩」は「力の誇示」や「栄光」ではなく、「謙遜」と「謙虚」という含意を持っているのだ。ピウス七世はもちろんそれを知っていた。だからこそ拉致されても、幽閉されても、侮辱されても信念や信仰を損なうことなく試練に耐えることができた。

それに対して、ナポレオンという「岩」には謙遜も謙虚もなかった。ナポレオンがすりかえた教会の十字架というパロディには、「力という正義」だけがみなぎっていた。その「力」に陰りが見えた時に、ナポレオンの十字架は脆く崩れ去る運命にあったのだ。

すべてを失った後、聡明なナポレオンは「自分の教会」のコンセプトには根本的に欠けているものがあったことを理解した。ナポレオンは新しい十字架を立て直さなくてはならなかった。

4. 最後のレトリック

フォンテーヌブローの別れ

「没落した神」であるナポレオンの有名なシーンには、フォンテーヌブローの城を出る前に階段に姿を見せ、前庭に整列した兵士たちに「アデュー（さらば。神のところで会うまで、という意味でこの世ではもう会わないという含意がある）」の挨拶をするものがある。一八一四年三月三〇日に連合軍がパリに侵攻し、翌日フォンテーヌブローに退避したナポレオンは帝国を救うことができぬまま、「元老院」がナポレオンの失脚を宣下し、四月六日に「無条件退位」が署名された。地中海のエルバ島へ「大公」として流されるという決定の後で、一一日にフォンテーヌブロー条約が締結され、二日間延期された後の四月二〇日にナポレオンはフォンテーヌブローを後にした。「白馬の中庭」と呼ばれる広い前庭の扉の内側に馬車が停められ、城の階段から馬車の前まで警備隊の第一砲兵連隊の兵士たちが両側に整列して道を作っていた。その後ろには二〇日前にパリ防衛に加わっていた六〇人ばかりの士官学校の生徒がずらりと並んだ。

馬車が到着したことを知らされると、ナポレオンは苛立ち「私は出たいときに出ていく」と言った。二人の将軍と話した後で、しばし一人になったという。やがてベルトラン将軍が「皇帝陛下！」と声を挙げた。トランペットが皇帝用のファンファーレを響かせた。

城の扉が開けられて、ナポレオンは、階段の上に立った。誰一人声を発せず、身じろぎもしなかった。一一時半だった。馬車の向こうの柵の外側には、町の人々やあちらこちらからやってきた農民らがぎっしりと詰めかけていたが、野次ひとつ飛ばず、沈黙が支配していた。ナポレオンの後ろから十数名の側近が続いた。この後に続くアデューの演説を回想して書き留めたのは彼らだった。

ナポレオンと同じ歳のベリヤール将軍に腕をとられてナポレオンは階段を降りてきた。太鼓が「戦場で」というリズムを叩き出した。隊列から進み出たプチ将軍に握手した後、ナポレオンは太鼓隊の方に手をかざしてその演奏をやめさせた。力強い声で歴史的な「アデュー」が発せられたのはその後だ。

この「アデュー」の記録には二つのヴァージョンがある。よく知られているのは、後にナポレオンの甥がナポレオン三世として第二帝政を開始した時代にその従弟のナポレオン＝ジェロームが公式に編纂した「ナポレオン手記」の中で採用された秘書のファン男爵によるもの（一八二三年に最初に公にされた）である。

ナポレオンは、最後の晩餐でイエスが使徒たちに残した言葉が毎日曜のミサで繰り返されるような文化に生きていた。彼はこの言葉の重要性を十分すぎるほど意識してた。

1814年4月20日、フォンテンブロー宮前庭でのナポレオンと親衛隊

それは次のようなものだった。

「私の兵士たちよ、今、私の別れを告げる。この二〇年、君たちは常に名誉と栄光の道にいた。(敗退を続けた)この何年かにおいても、繁栄のときと同じく勇気と忠誠の模範であることをやめなかった。君たちのような男がいる限り、我々の大義が失われることはない。しかし戦争は終わることなく、このまま内戦にいたるならフランスにとって最も不幸なことになる。それゆえ私は国の利益のために我々の利益を捧げることにした。私は去る。

君たち、友よ、フランスに仕え続けてくれたまえ。フランスの幸福は私の唯一の関心事であったし、これからもずっと私の祈念するものであり続けるだろう!

私の運命を嘆かないでくれ。生き続けることに私が同意したのは、君たちの栄光に役立つためだ。我々がともになしてきた偉大なことどもについて私は書きたい。

さらば、わが子よ! 君たちの全員をこの胸に抱きしめたい。君たちの旗に接吻する」。

この言葉の後で、プチ将軍が「鷲」の軍旗を手に取って進み出た。ナポレオンは将軍を抱き、旗に接吻した。兵士たちのすすり泣きが聞こえた。

「もう一度、さらばよ、古い仲間たち! この最後の接吻が君たちの心に伝わるように!」

老兵たちはいたるところで涙にむせんだ。「おいて行かれる」という心の叫びだったと形容する者も、母親を失った子供のように泣いたという証言を残した者もいる。

「皇帝陛下、万歳！」という声が絞り出された。ナポレオンは進み、ベルトラン将軍とともに馬車に乗り、一万二〇〇〇人が住む一二三平方キロばかりの新しい「領地」エルバ島への旅路に就いた。

削除されたもの

けれども、この「公式ヴァージョン」とは別に、その日のうちに書き留めたらしいいくつかのものが伝えられる。そのすべてに共通しているのにもかかわらず、「公式ヴァージョン」には三つの言葉が意図的に削除されている。「後三年」、「裏切り」そして「王への忠誠」だ。

「公式記録」に採用されたファン男爵自身も、直後に他の三人（グルゴー大佐、マレ国務長官、ジュアヌ第一書記）と合議して最初の記録を残しているのが国立文書館に残っていて、それは前述の第二帝政に出版されたものと違う。出版するときに削除されたのは、「君たちのような男がいる限り我々の大義が失われることはない。」の後に続く部分で、「私は内戦を三年は続けることができたが、フランスはより不幸になり成果は上がらなかっただろう（「それは私の求めるところではない」というヴァージョンもあり）。連合軍は我々に対抗して同盟する全ヨーロッパを体現していた。（フランス）軍の一部も私を裏切った。別の政府を求める党派ができていた。」というものだ。

この部分を「同盟軍は全ヨーロッパを私に歯向かわせた。軍の一部はその義務を裏切り、フランスまでもが個別の利得の前に妥協した。」とする記録もある。

最後の部分にも異同があり「私の感謝を受けてくれたまえ。全員を抱きたいが、君たちの隊長と君たちの旗に接吻しよう。将軍よ、こちらに来て旗を前に…」とある。

接吻の後で、「この接吻が君たちの心に伝わるように！」と言った後で、「私はいつまでも君たちとフランスと運命をともにしよう。君たちの栄光のためにまだ役に立てるよう生きることにした」と付け加えている。

別の士官による他の文書も残っている。

看過できないのは、「フランスが選んだ新たな君主に忠実であれ、私にしたように尽くしなさい、この大切な祖国を捨ててはならない‼　長すぎる不幸の後で君たちと君たちの勇気によって祖国はすべての困難を乗り越えるだろう」という部分だ。他にも「フランスが選んだ王に忠実であれ」と記録されたものもある。プチ将軍も「新しい王に忠実であれ」と記した。

これらの記録のいくつかは手書きで数日のうちに出回った。その日の日付が入ったものもある。ナポレオンは紙に書いて用意したものを手にして読んだわけではない。けれども退位してからの二週間、追放が決まってからの九日間、この日の「別れ」のディスクールを考える時間は十分あったはずだ。

「神」になりそこねた男の心と意識下とには、何があったのだろう。

ナポレオンが育ったキリスト教の中心には、イエス・キリストがいる。その活動期間中は定住することなくあちらこちらで「奇跡」を起こし、一時は多くの人々が彼の後をついて従った。しかし最後には仲間の一人（ユダ）に裏切られ、前述したように他の使徒にも見捨てられ、敵意に囲まれて処刑されたが、抵抗することはなく、ローマ総督ポンス・ピラトの判決を受け入れた。そのイエスは「最後の晩餐」の席で、「もはや、わたしはあなたがたを僕《しもべ》とは呼ばない。僕は主人が何をしているか知らないからである。わたしはあなたがたを友と呼ぶ。父から聞いたことをすべてあなたがたに知らせたからである」（ヨハネによる福音書一五、一五）と弟子たちに告げた。

ナポレオンも別れの辞で兵士たちを「友よ」と呼んだ。この言葉によって主従関係だけでなく対等な関係へとフュージョンが起こる。軍隊の将が敗戦の後で責任者として罰せられるのは当然であるのに、自分を兵士の「友」と位置づけることで、戦いの苦楽を共にしてきた「友」の間でたった一人が犠牲になって罰せられるという悲壮感を伝えることができる。しかしそのすぐ後で再び「わが子よ」とも呼びかけている。「子なる神」であるキリストだけではなく、キリストを人間の贖罪のために犠牲に捧げた「父なる神」の立ち位置をも占めることになる。

彼が「父」であるならば、他のすべての兵士たちは「子」として平等であり、ともに「強い父」を仰ぎ見続けることができる。

しかし、現実のナポレオンは犠牲になると言っても、十字架にかけられるわけではなく、助命されて追放されるだけだった。そのことをどう意味づけるか。

「私の運命を嘆かないでくれ。私が生き続けることに同意したのは、君たちの栄光に役立つためだ。我々が共になしてきた偉大なことどもについて私は書きたい」。

と言うとき、後にセント・ヘレナ島で実際にそうしたように、彼は自らの口から「福音書」を書いた。キリスト教の福音書は悲壮な犠牲を伴うものではあるが決して悲劇の物語ではない。「神の子が人を救った」という「福音」である。神の国への希望がある。ナポレオンは「福音書」が使徒たちによるイエスの生涯と復活の証であってもイエス自身が書いたものでないことを知っている。それに比べてイスラム教の聖典コーランが、直接に神によって逐語的にムハンマドに啓示された「神授」であるとされることも知っていた。自分の運命の急変を「栄光」と「偉大さ」の福音として書きのこすのは自分自身をおいてはほかにない。「友」である兵士たちを率いた歴戦の「父なる神」は、自分の「福音書」を書き残すまでは死ねなかった。

「後三年」と「裏切り」

「別れのディスクール」の公式記録から削除されたと思われるものは、「内戦を三年は続けることができた」、「一部の軍から裏切られた」、「フランスが選んだ王に忠実であれ」の三点である。

後三年は戦おうと思えば戦えた、というのはどういう意味だろう。裏切りとは何を指すのだろう。モスクワからの撤退で四〇万人の兵士を失って以来、ナポレオンは六度目に結成された対仏大同盟軍に勝てなかった。大陸大封鎖によって自由な活動を奪われた商工業者や実業家の離反が始まり、皇帝の軍事独裁よりもイギリス風の立憲政治を再び望む層が増えてきた。といっても、「ナポレオンを見限る」ということは、革命の理念を捨てて旧体制に戻ることと同義ではなかった。「フランス」がなくなるのは困る。幸い根強く残っている「王党派」もいるし、ルイ一六世の弟もいる。イギリス風の立憲君主制に移ることで、政府が国土の拡張や威信の増大などよりも、事業者の経済的利益を守るように動いてくれることを彼らは望んだ。ナポレオンを同盟軍に殺させることはリスクが大きすぎる。フランスの元老院が自ら皇帝を失脚させることでフランスの「主君」を取り換えなくてはならない。

そこにあるのは、中世の封建諸侯同士の争いや王位継承の争いではなく、宗教戦争でもない。フランス革命によって、一七八九年から一八〇〇年の間に一四万人以上の貴族や大ブルジョワや高位聖職者（多くは王侯貴族の出身で様々な既得権を有していた）や将官（これも貴族の子弟）が、フランスを離れた。未来のシャルル一〇世はバスティーユ襲撃の直後七月一七日に逃れてイタリアに行き、ナポレオンの失権の後に王位についた未来のルイ一八世は、ルイ一六世と家族が逃亡して捕まったのと同じ一七九一年六月の夜に逃げたが、別ルートをとってオーストリア領オランダに亡命した。

最初の頃は金銀財宝を抱えて逃げる者が多かったが、国王の逃亡未遂以来、監視が厳しくなった。亡命を放置するままでは国の富が流出する。帰還する亡命者に三倍の税を課したり、帰国しない者を「非国民」と宣言したりする条例が次々と発せられた。亡命者は逮捕され、一七九二年にはパスポートが復活した。一六世紀から現われるようになったパスポートは最初は商業取引の財物に関するものであり、後に国の財である国民の流出を防ぐために法制化されていたが革命によって国境管理はなくなっていた。もともとヨーロッパの王侯貴族は姻戚関係で緊密なつながりがあったから、有力な親戚を頼って他国に身を寄せることは難しくなかった。恐怖政治以降は、商工業者や農民や職人も亡命するようになった。言い換えると、徴兵に応じて国防軍の兵士となった者の多くは、失うものが少なく、戦功によって得られるものの方が大きい階級の者であった。ナポレオンは彼らの心情を理解して援用した。

主な亡命先は、ドイツ（一七九二年には亡命士官など四千人が、ルイ一六世の母方の叔父である大司教が選帝侯として君臨するトリーアでプロシャ軍に合流した）、オーストリア、ロシア、イギリス（フランス人亡命者のために、ロンドンやサザンプトンにカトリック聖堂を開いた）、サルデーニャ王国（ニース、トリノ）、イギリス領カナダなどだ。

ナポレオンが勝利し、皇帝となって法を整備し、社会に安定が戻ると亡命者も戻ってきて、革命で破壊された町の復興事業や記念建築などさまざまな公共事業を介した経済振興政策も軌道に乗ったかに見えた。しかしモスクワ撤退の打撃から立ち直れなくなってからは、新たな「富裕層」の心が離反した。革命と亡命と帰還のループや、国民軍と対仏同盟軍の結成、広がった「帝国」によって、ある種のヨーロッパ・グローバリゼーションが進んでいた。そうなると、国家の利益より国際的なつながりのある富裕層の利益が優先される。ナポレオンがカトリック教会をカスタマイズして自分の権威を高めたように、資本家たちは王政復古という形で旧体制をカスタマイズすることで戦禍を避け、自分たちの権益を守ろうとしたのである。

ナポレオンが口にした「裏切り」とはそのことだった。

イエス・キリストも裏切られた。裏切られたこと自体は自分の恥辱ではない。

ナポレオンは裏切りのメカニズムをよく心得ていた。人々の「権益」への執着は、愛国心よりも共和国理念よりも強いのだ。

後三年は戦えるという余力はあったけれど、敢えて退位を受け入れたのは、この時すでにエルバ島から出て再征服を目指す「百日天下」の構想があったからなのだろうか。三年戦って殲滅《せんめつ》されるよりも、大陸軍を共に戦ってきた忠実な兵士たちの体と心を温存しておいて、再起に備えようと思ったのだろうか。

いや、それは後知恵で、フォンテーヌブローの別れのディスクールの時点では、まだそんなことは思っていなかっただろう。

ただ冷静な計算があった。せっかく復興の軌道に乗せたフランスが内戦の形で三年も踏みにじられれば、彼が短期間に成し遂げた偉大な栄光そのものが灰燼《かいじん》に帰すだろう。凱旋門、パンテオン、ヴァンドーム広場の記念塔、いたるところに掲げられた彼の名、肖像、銅像は破壊されるだろう。それは耐えられないことだ。ナポレオンは歴史に刻印されなければならない。

フランス王への忠誠

では、最後の「フランスが選んだ王に忠実であれ」という言葉は、どう解釈すればいいのだろう。

まず、この時点で残った兵士たちが、新しい政府に反撃して掃討されることは避けたい。彼の軍神としての「神話」を共に作り生き証人となるべき兵士たちが、長生きして自分の栄光を語り続けてくれなくては困る。あるいは新しい王のもとでも優秀な軍人として祖国に尽くしてくれれば、ナポレオンの名声も無傷であるどころか新しいオーラが加わるだろう（実際、ジャン＝フランソワ・アラールらのように、エルバ島から戻ったナポレオンを迎えてワーテルローの戦いまで従った後で亡命しペルシャからインドにわたってシークの王のもとでフランス風のエリート部隊を組織したなど新しい神話を生んだ者も登場した）。

さらに、フランス王家が再興して君臨してくれれば、少なくとも「フランス」は残る。ハプスブルク家やイギリスに蹂躙《じゅうりん》されるのでは、彼の創り上げた「フランス」帝国は幻となってしまう。コルシカ出身の田舎貴族にとっては、自分の創り上げたフランスこそがフランスだったのだ。

それればかりではない。皇帝位は剝奪されたが、ナポレオンにとって「王」にはシンボリックな意味が残っていた。それは他ならぬ幼い息子である「ローマ王」の存在だ。その母マリー＝ルイーズはオーストリア皇帝フランツ一世（一八〇六年ナポレオンに敗れて神聖ローマ皇帝フランツ二世の称号を贈った）の娘だ。ナポレオン自身の「イタリア王」、マリー＝ルイーズの「イタリア王妃」という称号は皇帝位とともに剝脱されたが、「ローマ王」は祖父の威光に守られて「王」でいられるかもしれない。フランス革命は王を殺し、ヨーロッパ中の王侯貴族を敵に回したけれど、ナポレオンは皇帝になり、オーストリア皇帝軍を破り、その娘を妃に迎えて跡取りを得た。

その跡取りを「ローマ王」としたことには深い意味がある。「ローマ人の王」という称号は、もともと神聖ローマ皇帝の皇太子に与えられるものだったからだ。ナポレオンによって「神聖ローマ皇帝」の称号を捨てたフランツ一世の孫を「ローマ王」と称したことは、姻戚関係を強固にすることに加えて、皇帝としての自分の権威を補強するものでもあった。それだけではない。当時、「ローマ王」という称号はローマ教皇ピウス七世を連想させるものだった。「ピウス七世のローマ国」はフランスに占領され、ローマは一八一一年の時点でフランス帝国に属する一三〇の県の一つであるローマ県（最初はテヴェレ県と呼ばれた）の県庁所在地となっていた。

息子を「ローマ人の王」でなく「ローマ王」と呼ばせたのは教皇の権威に対する挑戦でもある。ナポレオンは一八一三年三月の息子の二歳の誕生日に、ピウス七世によるローマ王の戴冠式の挙行を計画していたが、戦況の悪化によってかなわなかった。

「フランスが選んだ王に忠実であれ」という言葉には、ナポレオンの王朝を継ぐ妻子と姻戚であるオーストリア皇帝との良好な関係を回復するという願いが込められていたのであろう。

レトリックの変遷

ナポレオンは戦略の天才、知の怪物であり、自らを神の高みに投影して生きたが、決して人間不信な男ではなかった。家族の絆の強いコルシカの家庭で育った人で、突然皇帝の家族になった弟妹たちやその配偶者の舞い上がり方や権益への欲望には辟易しても、根本的な愛や信頼は捨てられなかった。

女性に対しては、分別も識別能力もなく過剰な情熱だけがあった。最初の皇妃となったジョセフィーヌへの傾倒を見てもそれがわかる。女性はオリンピアの女神だった。「Mio dolce amor」とイタリア語で愛をささやく手紙は「私に接吻しないでくれ、血が煮えたぎるから」と続く。彼の愛の言葉は恋と欲望とに身を焼く中学生か高校生のものと変わらない。早くから軍を任され、戦略と政略への感性を研ぎ澄まし、支配と統治の機微を直感的に把握したこの天才には、「女性に対する手管」を学ぶ暇などなかった。多くの女性が彼に捧げられ彼に近づいたのでその必要もなかった。その彼の前に、野心があり手練手管を弄する女性が現われれば、なすすべもなく簡単に燃え上がる。

オーストリアの皇女マリー＝ルイーズは、ナポレオンと関係した女性の中でおそらくただ一人、最初からこの男を嫌っていた。自分が政治の道具として取引されたことも知っていたし、フランス軍に父の宮殿が占領されたのも見てきた。大叔母に当たるマリー＝アントワネットがフランス革命で処刑されたのも知っていた。彼女はナポレオンとの結婚に野心はなく、野心があるのはナポレオンの方だ。けれども、これまで相手にしてきた百戦錬磨の女たちや他の士官の妻たちとは全く違う「お嬢様」であるマリー＝ルイーズとの結婚と、それに続く跡取り息子の誕生はナポレオンに初めて「核家族」の安定を与えることになった。そのことが神になる道を模索していた彼に「聖家族」のイマジネーションを与え、「父なる神」と「子なる神」のレトリックを採用させたことは想像に難くない。「別れのディスクール」はこれらすべての表現だった。そのすべての根っこには「神になる」という思いがあったのだが、その思いは「誇大妄想」ではなく、一個の「詩想」であった。

愛する女性にあてた手紙のほとんどすべてが「恋する中学生」レベルであったのに対して、ナポレオンが「男たち」に向けて発した言葉や手紙のすべては、彼の「脳内叙事詩」を推敲し尽くして、あらゆる含意や言葉の綾を駆使したものだった。ことが戦略的に重要であればあるほど、「神の託宣」のような「上から目線」をとることなく、相手を持ち上げ、同志として、友として語りかけ、不安や懸念を先取りし安心させ、心理的に武装解除させ、一体化し、確信をもって同じ目標、同じ使命に誘い込み、共に偉大な何かを完成させることを熱く語りかけた。それは「神懸かり」ではなく、まるで、彼がなろうとしている神に彼自身が憑依しているかのようだった。

女たちの本心をさぐる技能が全くなかったこの男は、手紙を書いたり話しかけたりする男たちの性格、相手の事情、期待しているもの、警戒しているものを瞬時に読み取り、自らの書く「大きな物語」にはなくてはならない共著者に仕立て上げた。そのキーワードは「宿命」である。最も有名なものに、一八〇八年二月二日にロシア皇帝アレクサンドル一世にあてた書簡がある。

ロシア軍はオーストリアやイギリスと第三次、第四次対仏大同盟を組んで戦っていたが、一八〇五年にアウステルリッツで敗れてロシアに戻り、その後も敗戦を重ねて一八〇七年七月、プロイセン・

ロシア国境のネマン川沿いでティルジットの講和条約に合意した。この時ロシアは対仏大同盟から離脱してイギリスと断交、宣戦布告、対イギリスの経済封鎖令に参加することになった。

時はナポレオンの全盛期であり、この折にナポレオンはアレクサンドル一世の皇女と結婚することも考えたが、一五歳という幼さを理由に断られている。アレクサンドル一世はもともとナポレオンのことを「ヨーロッパの圧制者、世界の平和の妨害者」と呼び、イギリスに対しても、フランスを専制者から解放することがヨーロッパに平和をもたらす神聖な権利であり、キリストの意思による神の任務を遂行することだと呼びかけた。

父のパーヴェル一世の暗殺にも関与したと言われるアレクサンドル一世は、若くして帝位につき、ナポレオン没落後に神聖同盟を結成してヨーロッパをまとめようとした、神権的な「皇帝体質」の男だ。その意味ではナポレオンに似ていないでもないが、彼はもともと皇帝になる身分で生まれ育った。美男でもある。ヨーロッパ王家から「コルシカの成り上がりもの」で「アンチクリスト」と評されていたナポレオンのことを蔑んでいたことは想像がつく。ナポレオンはそれを知っていただろう。しかし、書簡にはアレクサンドル一世の自尊心をくすぐり、未来の展望と栄光をちらつかせ、巧妙にイギリスを共通の敵と見なす文言を弄した。

「陛下が軍隊を増強なさいますように。私のできる援助はすべて差し上げます。真摯な申し出です。ロシアに対する嫉妬の情はいささかも持っておりません。ロシアの栄光と繁栄、拡張を願うばかりです。愛情をこめたまことの忠実を公言する者を受け入れてください。」「トルストイ閣下（パリで交渉にあたりナポレオンの作戦を見抜いていた）は立派な人物ですがフランスに対する偏見と警戒心に満ちているので、ティルジットで起こったことの高みや、陛下と私の間の親密な友情や新しい状況が開いた地平を到底理解できません。」と言った後で、イギリスが撤退しつつある中東やインドへとアジア進出をロシア皇帝に呼びかける。「陛下と私は平和の安らぎ、我々の広大な帝国の中にいて善政によって帝国に活力と幸福を与えることを良しとします。しかしこの世の敵たちはそれを望みません。だからこそ、拡大するしかないのです。運命が命ずるところに従い、政情が我々を導く逆らうことのできない道へと進むのが智慧であり政治というものです。」「ティルジットの成果こそが世界の運命を解決するでしょう。」「陛下と私にとっては、より完全な状態を望むよりも慎重を期して今ある確かなものを守ることの方がよいと思えるかもしれません。けれどもイギリスがそれを望まない限り、時代は激動の大きな変化に突入していることを認識しましょう」。

巧妙に言葉を選び、互いに領土を拡張するかのような交渉をにおわせながらも後で言質を取られるようなことは言わず、親しげに、柔軟に、無邪気さえよそおう。懐柔し、弾みをつけ、手を取って飛翔する。

ナポレオンが、ロシアの目をアジアに向けることでヨーロッパでの自分の覇権を安定させようとしたのか、あるいはアレクサンドロス大王のように本気で自分もアジアに帝国を広げようとしたのかは定かではない。しかし、少なくとも、ナポレオンの脳内叙事詩はアレクサンドロス大王の地平に到達していた。

しかし、アレクサンドル一世を知的で狡猾な偽善者だと見抜いていたナポレオンの予想通り、ロシア皇帝はイギリスとの通商を水面下で維持していた。

それを見越していたナポレオンは、この四年後には、大陸封鎖令に違反したとしてヨーロッパ史上最大の大陸軍を率いてモスクワに侵攻した。大陸軍はその半数が皇帝臣下の王国や公国からなる「二〇ヵ国軍」と呼ばれるものだった。ワルシャワ公国をのぞけばドイツやイタリアを含むどの国もその時点で直接にロシアと利害関係がなく、憎悪も因縁もなく、ただナポレオンという稀代の弁者が煽る熱狂に駆られて、ネマン川を渡ったのだった。半年後に撤退したベレジナ川は大陸軍の死の川となった。ナポレオンは軍を捨てて脱走した。

アレクサンドル一世はモスクワの大火を目にしたことで、「神の啓示」を得て「ヨーロッパの調停者」となる使命を得たという。けれども内政的には、ナポレオンがカトリックを巧みに利用したようには、ロシアに根付いた東方キリスト教である正教会に関心を持たなかった。神秘主義に傾倒し、反動的な政策を行って、結果的に帝国の霊的基盤を脆弱化した。

神になるために教会を必要とした「共和国の皇帝」と、教会なしでも神の啓示を得たと疑うことなく主張できる「生まれながらの皇帝」との決定的な違いであった。

ともあれ、ナポレオンが、その言説において詩人でありクリエイターであったことは間違いない。「神の啓示」や「神懸かり」を必要とせず、整合性を保っていると同時に人を動かし自分の世界へ強烈に惹きつけるカリスマをもっていた。語る神として、預言者として、司祭としての自分を信じていた。「自分に向けた信仰の強さ」がこの男の魅力を支えていた。

フォンテーヌブローでの「別れのディスクール」は、彼の福音書がまだ書き終えられていないこと、それを完成するのが神としての彼と「使徒」たちの共通の使命であることを訴えていた。

そして、神は復活した。翌年にエルバ島脱出と、鷲《わし》の進軍が遂行される。しかしそれは百日しか続かなかった。偉大な叙事詩の語り部の言葉が繰り出す力はいささかも衰えていなかったが、軍神は病み疲れていた。妻子を迎えて小さな島の小さな宮廷で「聖家族」として過ごすという「少年の夢」は絶たれていた。復活して戦いのうちに死ぬことでしか神話は完成しないように思えた。

しかし最後の「神話」は、戦場で完結することがなかった。

ルイ一八世のフランスは完全な旧体制に戻っていたわけではない。革命の成し遂げた現状を率直に認めた王は、市民の自由と平等、私有財産の尊厳を認めると宣言し、イギリス風の立憲王政を目指す欽定憲法が発布された。帰国した亡命貴族と革命時に没収された財産の購入者たちの間で紛争が起こり、ウィーンで行われたヨーロッパ再編成の列国会議は停滞していた。ひそかに南フランスに戻って、王が亡命したパリに無血で到達したナポレオンは政権を回復した。民衆は熱狂したが、ウィーンに集まった列強にとってはナポレオンはもはや「神」ではなく対等に交渉する相手ですらなかった。

百日天下のディスクール

ナポレオンがエルバ島から脱出した時点では、前年の「別れのディスクール」がどのような実を結んでいたかは定かではなかった。王の軍に本気で阻止されていればナポレオンの勝算はなかった。

一八一五年、三月七日の午後二時、グルノーブルに近い平野で最初に遭遇した軍の隊長は、マルシャン将軍の甥であるジャック・ランドン・ド・サンマリュ（のちに第二帝政で元帥となる）だった。将軍からの命令はまだなかったが、若く血気にはやるランドンは、「ボナパルトは射ち殺さねばならない」

と意気揚々であった。

ナポレオンの一行を前にして「撃て、撃て」とランドンは叫んだが、兵士たちは凍りついたように動かなかった。静寂の中から「第五部隊の兵士たちよ。私は君たちの皇帝である。分かるか!」という強く落ち着いた声が響いた。ナポレオンは、動揺で青ざめた兵士たちの射程距離内までゆっくりと歩き、フロックコートの前を開いて、「君たちの中に皇帝を殺したいと思うものが一人でもいれば、私はここにいる」と続けた。この言葉で、兵士たちはいっせいに銃を下ろし、ナポレオンのもとに駆け寄り、泣きながら「皇帝万歳!」と叫んだ。

ナポレオンはカンブロンヌ将軍に「終わった、これで我々は一週間後にはパリに入れるだろう」と言った。この野原には第二帝政の時代にナポレオンの銅像が建てられ、帝政の終わりに撤去されたが、第一次大戦後にまた設置された。一九三二年に「ナポレオン街道」と命名された。

町の扉を守っていた兵士は、「皇帝の名においてこの扉を開けよ」と言われ、「私は将軍命令にしか従えません」と答えたが、「将軍を罷免する」というナポレオンの言葉で扉を開けた。

リヨンでは王党派議会を解散し、紋章を廃止し、三色旗を復活させた。オクセールではナポレオンを「鉄の檻に入れて連れてきます」と王に豪語していたネイ元帥と対峙した。ナポレオンと同年で「赤いライオン」と呼ばれたネイは、大陸軍でその戦功を打ち立てていた。結局「この手で海の水をせき止めることなどできない」という言葉を残して、ナポレオンに寝返った。この時に、ナポレオンの無血勝利が決まった。同時にネイ将軍の運命も決まった。百日天下が終わった後、ネイ元帥はウェリントンに助命嘆願をしたが聞き入れられず処刑の前に告解司祭に会わされた。「兵士たちよ、心臓に狙いをつけたまえ」と言った後で銃殺され、前のめりに倒れ、慣例に従って一五分放置された。イギリス兵が遺体の上を騎馬で跳ねた。歓声をあげたロシア兵はネイに敬意を持っていたアレクサンドル一世から軍を除名されたという。

パリに入り、再び「神殿」となったチュイルリー宮でのナポレオンは、復活させた帝国憲法に追加条項を足し、新議員を選出し、列強に対しては平和条約を提言した。ナポレオンは平和裡にパリに入って民衆の歓喜を確信した時点で、平和条約が唯一の現実的な延命であることを知っていた。それ以上の戦いをすぐに始める準備がなかったことに加えて、「詩想」はいささかも衰えていなかったが戦場を生き抜く知力体力にも自信がなかった。結局、同盟軍は戦いを挑み、ナポレオン軍はワーテルローで大敗する。ナポレオンは戦死することもできなかった。

二度目の廃位の時はもう兵士を前にした「別れのディスクール」の機会は与えられなかった。キリストのように受難の十字架上で壮絶に死ぬことができずに、パリへ戻り、政治的で欺瞞的な二度目の廃位を自ら決めたのは、オーストリア皇帝の孫として庇護されている息子に光明を見出せると信じたからだ。「私の殉教のみが私の王朝に王冠を取り戻す」と彼は考えた。彼の原風景にあったキリスト教の歴史は受難の神とそれに続く無数の殉教者がひしめく宇宙であり、神も殉教者たちも天の国では栄光の王冠や輝く後光を獲得しているのだった。

一八一五年六月二二日、「別れのディスクール」が、今度は正式に書かれ署名された。

「フランス人民への宣言。フランスの民よ、国家独立を支えるために戦争を始めた時、私はすべての努力、すべての志、国家権威からのすべての協力を結集できることを見込んでいた。成功を期待できると確信し、私に対抗する列強のすべての宣告をものともしなかった。今や情況は変わった。私はフランスの敵たちの憎悪にこの身を犠牲として捧げる。責を負うのはこの私だけであるという宣告において彼らが真摯であり得ますように！　私の政治的生命は終わった。私は我が息子をフランス人の皇帝ナポレオン二世として宣言する。現大臣たちが暫定内閣を形成するだろう。私の息子の利益を守るために、議会がすみやかに摂政制度を法制化することを願う。公共の救済と独立国家存続のために、全員が団結してくれたまえ。エリゼ宮にて。一八一五年六月二二日 ナポレオン」。

第七次対仏同盟軍はパリに迫り、ナポレオンは二五日にエリゼ宮を去り、四日後にはマルメゾン城から変装してひそかに抜け出して大西洋岸に行き、アメリカ亡命を企てるが、暫定政府の大統領ジョセフ・フーシェによってイギリスに通報されて捕らえられ、八月七日に事実上の流刑地となるセント・ヘレナ島に向かった。息子の将来を託されたはずの暫定政府のフーシェは、皇帝派と王党派の内戦を避けるためにルイ一八世の帰還を選択し、七月九日に、一度もパリに戻らなかったナポレオン二世を廃位することで、二度目の王政復古の立役者となった（そのフーシェは翌年、革命時にルイ一六世の処刑に賛成した罪により追放されて、ナポレオンの弟であるジェローム・ボナパルトのいたイタリアのトリエステで客死している）。

ナポレオンは政治的な死のあと、フーシェという新しい「ユダ」に裏切られたイエスとなったが、同時に、それはナポレオン二世という「子なる神」も失った「父なる神」の「死」でもあった。

である。

それでも「神」として出直すために、「詩人」ナポレオンが必要としたのは新しいイメージの形成である。

セント・ヘレナ島での『回想記』は、フォンテーヌブローでの別れのディスクールの中で約束した「偉大な栄光の物語」の続きでありプロパガンダだった。居室には二歳で別れたきり顔を見ていない幼い息子の絵が飾られた。エルバ島からの帰還がトラウマになっていたイギリスにとっては、絶海の孤島のセント・ヘレナでの蟄居《ちっきょ》すら不気味なものに映った。

ナポレオンがぶれずに掲げた大義は「自由」である。自分は秩序と法によってフランス革命を救いその成果を確固としたにすぎない。百日天下は自由の最後の希望だったと位置づけられた。口述筆記は丁寧に推敲された。

けれども、イギリスの総督ハドソン・ローによる侮辱的な扱いや自由の制限、孤絶感、厳しい自然条件は、ナポレオンから「自由の希望」を奪っていった。「取り巻き」はいたが、彼らに対して皇帝としてふるまうことで絶対権力を維持していると思い込むには、ナポレオンは理性的でありすぎた。「五年間、毎日が少しずつ、私の暴君という皮を剝いでいった」と自覚した先に生まれたのは、ギリシア神話のプロメテウスの姿だった。

プロメテウス

プロメテウスは人類から火を取り上げたゼウスに背いて神の智であるオリンポスの聖火を盗み、地上に持ってきて人類に与えた。怒ったゼウスはプロメテウスを山上の岩に張り付けて毎日鷲に肝臓を食わせる（夜には再生するので際限なく責め苦が続く）という壮絶な罰を与えた。

「新しいプロメテウスとして、私は岩に釘づけられ禿鷹が私を蝕んでいる。そう、私はフランスのために天の火を奪った。その火は元に還り、私はここにいる」。

ナポレオンのプロメテウスが奪った「火」とは、「神授された王権」であった。彼は、神の名において民衆を支配する王たちから人々を救おうとしたのだ。

「我々はここで神々の弾圧と闘っている。国々の願いは我々に寄せられている。フランスだけでなく、ヨーロッパ大陸のすべて、イギリスさえも！」というのだ。再び王たちに支配された民衆がプロメテウスによって解放されることを期待していると、ナポレオンは信じていた。セント・ヘレナ島で記された遺言の第五条に、「私は早逝する。英国の独裁党《オリガルシー》（トーリー党）とハドソン・ローに殺されて。イギリスの民衆は今に私の仇を討つことだろう」とあるのも、彼がイギリスの民衆をも「救おう」と本気で考えていたことを思わせる。覇権主義ではなく「民主主義」を授けてやろうとしただけだ。民衆はそれをわかってくれるはずだ。

プロメテウスというイメージを通過させたことで、ナポレオンはもう一度、「キリスト教の神」に思いをはせた。プロメテウスが釘打たれた岩は、イエスがその上に教会を建てたというペトロという岩を連想させる。ペトロの岩の上に教会を建て十字架の形で教義と愛が組み合わされたというキリスト教の「原型」を、ナポレオンの岩で置き換えたことがそもそもの間違いだった。

セント・ヘレナ島で少しずつ形作られた新しい十字架は殉教者の十字架で、それを支える堅固な岩は民衆に自由を保障する「共和国」でなくてはならなかった。ナポレオンは共和国という岩の上に立ったその十字架の真ん中に、自分自身を釘打って殉教者として捧げたのだ。

ナポレオンはナルシストではなかった。「神」になろうとしたし、「神」を演じ、演出し、人々から「神」だとみなされようとはしたが、自分が神だと思っていたわけではない。もしナポレオンが自分を神だと思っていたり神から遣わされたりと本気で思っていたのなら、彼があれほど人々の心を掴むことはなかっただろう。セント・ヘレナ島でプロメテウスに自分をなぞらえたように、彼は神に挑戦する英雄でありたかった。「王権神授」の王たちや聖職者たちのように神の代理人を名乗る「偶像」から、人々を解放しようという野心を本気で抱いていた。人々はその「本気」を感じ取った。

ナポレオンには、カトリック教会の立つ「岩」であるペトロのような「謙遜」や「謙虚」はなかった。主イエスを見捨て三度も「知らない」と嘘をついたペトロが持つ罪の意識とその罪をも赦され得るのだという神の愛への絶対的信頼が欠如していた。

啓蒙の世紀の申し子であるナポレオンの生きた時代と場所には、ナポレオンが絶対的に信頼を寄せられるような神はもういなかった。多くの「神の代理人」や「神に王権を授かった支配者」たちがひしめいて覇権争いをしていただけだった。同じ啓蒙の世紀の申し子であったピウス七世だけが、偶像ではない神を見出しつつあった。ピウス七世はナポレオンによって領地と主権を奪われて屈辱的な幽閉生活を送らされたことで、「謙遜」「謙虚」の意味を再発見したのだ。没落した後のナポレオンやその家族にみせた寛容はその帰結だった。

英雄であること

ナポレオンとピウス七世はどちらも「英雄」だった。

カトリック教会にとっての「英雄性」は「聖性」と結びつき聖性を担保するものである。二一世紀の今でも、ある人の死後にその生き方の模範性を認めて尊者にしたり福者にしたり聖人の列に正式に加えたりするためには、生前の言動が詳しく調査されて、「英雄的」であったかどうかが確認されなくてはいけない。

それは戦場で敵をなぎ倒すというような「力の行使」とは関係がない。二四歳の若さで結核のため修道院で死んだ無名のリジューのテレーズも、カルカッタのスラムで働いたマザー・テレサも、敗戦後の東京で廃品回収業者の町に住み子供たちの世話をした「蟻の町のマリア」北原怜子も、皆、「英雄的」徳を認められている。

英雄というのは、戦いに勝って華々しく凱旋するという意味のヒーローではない。もちろん人生すべてが順風満帆で幸せいっぱいの完璧な人というわけでもない。

英雄とは与えられた試練を克服した人だ。さらに、試練の前で、その克服を誓った人、少なくとも、逃げたり退却したり諦めたりしないことを選択した人だ。

世の多くの政治家や権力者は、既得権益を守るためには、公約を無視したり、前言を翻したり、解釈が変わったと言ったり、時代や情況が変わったのだからと「恵んでやっていたもの」を取り上げたりする。一つの叙事詩を書いていたナポレオンは、掲げていた理想を自分の身を守るために取り下げることはなかった。

「泣き言は、私の尊厳と性格の高みにはない。私は命令するか沈黙するだけだ」とナポレオンは言ったが、その沈黙はやはり「詩」の言葉で書かれた。

「英雄伝」には書き方がある。「ユリシーズは近所のパン屋に行ってバゲットを買いました。高すぎると思いました」と書いてはならない。「ユリシーズは、正しい怒りに駆られ、飢饉と闘おうと決意しました。小麦を増やし、たぐいまれな力によってすべての人々にパンを配布したのです」と書かなくてはならない。それは叙事詩であり、一つの道を示し人々をいざなう大きな物語でなくてはならない。

ナポレオンは、自分の言葉に酔う「ナルシスト」ではなかった。

「神」はナルシストではない。しかし神であり続ける。

セント・ヘレナ島に着いた時、コクバーン提督（ナポレオンを連れてきた軍艦ノーサンバーランド艦長でハドソン・ローが来るまでナポレオンの見張り役であった）が「ボナパルト将軍」に招待状を出した。ベルトランからそれを受け取ったナポレオンは「それはボナパルト将軍に転送し給え。私が最後に彼のことを聞いたのはピラミッドの戦いかタボル山の戦いのときだった。」と言って突き返した。ベルトランが「皇帝」という名を使ってそう返事した時に、コクバーンはこの島にいる「皇帝」など知らないと答えた。そのスタンスはハドソン・ローに受け継がれ、後に、ナポレオンという墓碑銘が許可されなかったので、墓所には名が刻まれなかった。「命令するか沈黙するか」のどちらかだというナポレオンは「皇帝でないならば無記名」を選んだわけだ。

ナポレオンの周りの多くの人が、彼に魅了され、彼を信じ、彼に付き従ったのは、必ずしも彼の示した道の彼方にあるものに共感したり、彼の権威や強さに圧倒されたりしたからではない。地盤も人脈もないコルシカの田舎貴族の次男が、いくら戦略にたけて華々しい戦功を建てたとしても、それだけでは、怒濤の時代を生き抜いてきた人々から「神」のように崇められることはなかっただろう。彼の「英雄性」を担保する一つのこと、彼の言説の根っこにある一つの「詩想」が人々を動かした。それは「覚悟」である。彼は兵士たちを慰労し鼓舞し、大きな物語を共に書こうと誘ったが、その言説の通奏低音は、自己陶酔ではなく「覚悟」であった。彼が本当に「覚悟」をしていたかどうかは問題ではない。彼は「覚悟」を掲げ、不退転の覚悟というペンで彼の叙事詩を書き上げる盤石の意志の固まりだったのだ。ナポレオンはその叙事詩の周到で壮大な造形に「覚悟」という精神性を吹き込んで、「詩想」からすべての人の心に浸透する「詩情」を発した。それが大陸軍の密度と温度を内側から高めて維持した。

彼は「神懸かり」でもなく、神になり切ったのでもなく、自己陶酔していたわけでもない。絶対の王、暴君として君臨していたわけではない。虚飾もなく、虚勢もなかった。ナルシシズムには同調しなかったであろう民衆は、ナポレオンの「覚悟」に同調し、身の丈よりもはるかに大きな何かに身をまかせた。

ナポレオンは叙事詩人の明晰さをもって「聖なるもの」を周到に演出し、再構成し、再現し、「普遍化」することで、すべての人がそれを共に体験できるフィールドを創生したのである。ナポレオンは創造者《クリエイター》であった。

5. ナポレオン伝説

百日天下の意味

ナポレオンの叙事詩の宇宙を共有する「大陸軍《だいりくぐん》」の生き残り（ベテラン）による証言は、いつの世も人々を魅了した。イエスの言行を伝える福音書の後で『使徒言行録』が書かれたように、「生き残り」はナポレオンの「聖書」を補完し続けた。

ロシアに何度も併合されながら正教ではなくカトリック国のアイデンティティを保持しているポーランドでは、ナポレオンが長く崇敬された。ナポレオン軍の最後の生き残りは、一九〇一年にフランスのジャーナリストがワルシャワで取材した一〇六歳のヴィンセント・マルキヴィッチだった。マルキヴィッチは一八一一年にポーランド連隊に加わり、モスクワ侵攻から奇跡的に帰還し、一八一三年にレジオン・ドヌール勲章を授与されて、ナポレオンの近衛隊に抜擢されスペインで戦い、ライプチヒでは騎乗していた四頭の馬を失った。ワーテルローにもセント・ヘレナ島にも従い、皇帝の死後にヨーロッパに戻ってからはポーランドのロシア軍に所属した後で、フランスでボナパルティストのいくつかの陰謀に加担した。一八四〇年から五〇年代にはハンガリーとオスマン帝国の軍に従事し、最後はイタリア統一戦争でガリバルディ将軍と共に戦った。

彼の経歴からは、ナポレオン軍の生き残りの兵士がナポレオンに鼓舞されたとおりに「大きな物語」を書き続けていき、「力」の普遍主義を標榜していたことが分かる。若い頃にナポレオンと共に戦った者は、一生ナポレオンの名のもとに戦い続けるのだ。

ナポレオン伝説に「普遍」という名の翼を付与した決定的な出来事が、「百日天下」であった。どんなに偉大なカリスマ性を発揮したにしろ、一八一四年に最初の没落を経験するまでのナポレオンは何よりも軍事の天才であり「軍神」であった。彼はフランス革命の「継承者」でありフランスを救いはしたが、フランス革命の「立役者」ではなかった。一七八九年七月のフランス革命勃発時には二〇歳にも満たない砲兵隊の一士官に過ぎず、しかもその前から九一年まで何度も長期の休暇をとって故郷のコルシカに帰っている。いわゆる革命の国民軍に加わったのは九二年になってからだ。彼には世界で起こっていることを理解する必要があった。コルシカの実家では憑かれたように膨大な書物を読み、丁寧な注を書き込んでいる。戦う前に哲学と思想を仕込んだ期間だった。その後の波乱に満ちたフランスとヨーロッパの状況下でこの士官は頭角を現わす。奇跡的な速さで権力を掌握するに至り、社会の安定を求めていた民衆の心を洗脳状態にまで捉えたが、フランス革命自体の立役者とは認識されることはない。自分の権力を確立する担保として共和国の理念を掲げて、フランス革命を「成就した」男というスタンスであった。ナポレオンが戦ったのはフランスの国民軍を倒そうする各国の王侯貴族ではあったが、フランス革命によってすでに倒されていたフランス王ではなかったのだ。

やがてナポレオンは敗れ、オーストリアやロシアの皇帝、イギリス王などがフランスの内政に口を出し、革命で処刑されたルイ一六世の弟が敵国の馬車に乗ってやってきて、ルイ一八世として王位についた。軍隊では三色旗のかわりに白地に百合の紋章が軍旗となり、レジオン・ドヌール勲章をつけることが禁じられた。フランス革命以来四半世紀にわたって戦い続けてきた「民衆」「共和国市民」「国民軍」には我慢できないような過去への回帰だった。

そこに、一年もたたずに、「皇帝」が追放されていた島から南仏に上陸し、あっという間にパリへ進軍し、ルイ一八世は前日にあわてふためいて逃げ出した。ナポレオンは王政を転覆させて返り咲いたのだ。チュイルリー宮でナポレオンを見た人は「キリストの復活のようだった」と書き残した。

実際は、この時のナポレオンにはすでに列強を相手にして「戦争に勝つ」ためのソフトもハードも残っていなかった。そのまま平和条約を結ぶ最後の賭けに臨んだのだ。それはかなえられずワーテルローで大敗し、わずか百日で二度目の廃位と絶海の孤島への追放が決まった。けれどもこの「百日」が、フランス史におけるナポレオンの地位を決定的に変えた。ルイ一八世をフランスから追い出したナポレオンの姿が、フランス革命の急進派で、穏健派のジロンド党を抑えてルイ一六世の処刑を決めたジャコバン派に重なった。ナポレオンの帰還がジャコバン・クラブと退役士官による陰謀だという噂も生まれた。一八一五年三月の革命とフランス革命は姉妹であると形容されることもある。この時はじめて、ナポレオンはフランス革命の完成者、自由のシンボルとして民衆の集合意識に刻まれたのである。百日天下が、ナポレオンを、「神」にした。

復活と昇天

その「百日」とその後「地球の裏側」に流されて姿を消したことの強烈さは、まさにイエス・キリストの復活と昇天を人々に喚起した。イエス・キリストは十字架上で死んで埋葬されてから復活し、突然人々の前に姿を現わした。その後四〇日間生きて使徒に使命を託し、生きた体のまま天に昇った。しかもいったん姿を消したイエス・キリストは、世界の終わり、最後の審判の時に、去った時と同じ姿で再臨するとされている。「わたしは去って行くが、また、あなたがたのところへ戻って来る」（ヨハネによる福音書一四、二八）とイエスが言い残し、人々は、「ガリラヤの人たち、なぜ天を見上げて立っているのか。あなたがたから離れて天に上げられたイエスは、天に行かれるのをあなたがたが見たのと同じ有様で、またおいでになる。」（使徒言行録一、一一）とあるように、間近に迫ったと考えられていたイエスの再臨を待っていた。

その「最後の審判」における善悪の仕分けというイメージはヨーロッパ中世の道徳の支えともなっていたが、今のカトリック教会のカテキズムでは、「審判の日、世界の終末に、キリストが栄光のうちにやってきて善の悪に対する決定的な勝利を成就する」（六八一）とはいえ、善と悪は「歴史の流れの中でともに増大するであろう麦と毒麦」と捉えられているように、終末論的なニュアンスはもはやない。カトリック教会が強調するのは、毎日曜のミサで最後の晩餐とイエスの死を記念し、年に一度の復活祭で死に打ち勝っての帰還、永遠の命を記念することだ。

同じことがナポレオンにも起こった。

百日天下の始まりは「復活」であり、終わりは「昇天」であり、人々は迫りくる「再臨」を期待する。しかし、イエス・キリストの再臨と同様、その正確な日付がわかるわけではない。だから人々は、ナポレオンがパリに入城した三月二〇日という「復活」の日を「再臨」の日に重ねた。百日天下の翌年一八一六年の初めにはすでに、ナポレオンがセント・ヘレナ島からフランスに向かっているという噂が広がった（往路と同じ二ヵ月弱が見込まれた）。翌年には「ナポレオンは三月に戻ってくるであろう」という皇帝の署名入りの告知文がピレネー地方のタルブに現われ、複数の都市で公共の建物に同様の予告が貼り出された。一八二〇年、帝国軍の退役兵士の一人がリヨンで「ナポレオンは戻る、すべての旧兵士が従い、外国軍がフランスに連れてくる」と触れて回り、「もしマルス（三月。火星であり軍神でもある）が召集するなら、いつも祖国と名誉に忠実な良きフランス人は戦うだろう」という俗謡が歌われた。

ボナパルティストたちは毎年三月二〇日を記念した。俗謡にあるように、三月を表すフランス語の「マルス」という言葉は神話の軍神マルスと同じものだから「軍神」ナポレオンのイメージにふさわしい。また三月二〇日は暦上で「春分」と重なる。カトリックの復活祭が春分後最初に来る満月の後の日曜日とされているように、「復活」は、冬の長いヨーロッパでの春の訪れの祝いとして希望に満ちたものでもあった。復活祭に先立つ四旬節は二ヵ月弱続くもので、セント・ヘレナ島からの帰還に要する船旅を連想することもできた。

最大の夏祭りである八月一五日の聖母被昇天祭を聖ナポレオン祭にしてしまったナポレオンの遺志を継ぐかのように、最大の春の祭りの復活祭を人々は三月二〇日に固定してナポレオンの「復活」と「再臨」の日にしたわけである。福音書に記録されているイエスの活動期間はわずか三年あまりで、それに比べると、彗星のように現われたとはいえ、公人ナポレオンの全盛時代は一五年にわたるから十分な言行録が残る上に、自分自身で膨大な書簡や公文書を残し、「昇天」後のセント・ヘレナ島では自分で自分の福音書の続きを書いた。戦いの栄光と自己犠牲と自由への宣言を盛り込んだセント・ヘレナ島の回想記によって、ナポレオンはネロやアッチラと並べられることなく、イエス・キリストになぞらえられることに成功したのである。

神話は続く

人間に「受肉」して地上での活動と受難と復活と昇天の記録を残した「子なる神」イエス・キリストを礼拝してきた文化圏であるからこそ、ナポレオンが最終的に「神」となる道が残されていたのだ。「再臨するイエス・キリスト」となぞらえられるからには、当然「奇跡譚」も生まれ、「不死」の神話も生まれた。一八一五年、ピュイ＝ド＝ドームの農民がナポレオンは「不死身」だと確信していた。一八一六年にはオクセールでひとりの赤ん坊が生まれてすぐに「皇帝万歳！」と三度叫んだ。アルデッシュの農民たちは月の表面にナポレオンの顔が現われたのを確かに見た。地面に耳をあてて、地下の皇帝軍がやってくる音を聞く者もいた。

一八二一年にセント・ヘレナ島でのナポレオンの客死が知れ渡ると同時に、それは疑われ、実は島から脱出したのだという噂が流れた。一八二二年の初めには脱出説はフランス中に広まっていた。一八二三年には王家や聖職者を批判し「我々の心が求めているのはナポレオンである」というポスターがリヨンの町のいたるところに貼られた。「彼は死んでいない」という歌も広まった。一八二〇年代の終わりにはボナパルティストのプロパガンダが再燃した。ナポレオンがコンスタンティノープルにいてイスラムに改宗し、トルコ軍と共にロシアと闘うというパンフレットがアルザスに現われた。一八二九年にアラビア語からフランス語に訳された詩には、ナポレオンは「神性を刻印された天上の存在」だと称えられていた。

ナポレオンの胸像や肖像は早くから出回り、飛ぶように売れた。一八一九年の一一月、パリの警察の調書には、行商人がナポレオンの胸像を四日間で八〇〇〇体売りさばいたと記録されている。皇帝の紋章であった鷲の柄の刺繍なども人気があった。ボナパルティストや反王党派のイデオロギーを補強するために使われたものもあったが、ナポレオンのキャラクターグッズの多くは、非政治的なものであった。人々は「聖人」のメダルやキリストの十字架や聖母子像を身に着けたり飾ったりするように「聖」ナポレオンのグッズを求めたのだ。「受肉した神」や聖人たちのイコンをちりばめて崇敬する伝統の国では不思議なことではない。生前に聖母被昇天祭を「聖ナポレオン」の祝日として祝わせたことが、実を結んで残っていた。

やがて王政復古の体制が倒され、第二共和制を経て、ナポレオンの甥であるナポレオン三世が一八五二年に第二帝政を始めた。この時代には、「使徒」である帝国軍の退役兵士たちがフェニックスのように現われた。ナポレオン三世は一八五七年にナポレオン軍の兵士の生き残りに「セント・ヘレナ勲章」を授与することにした。八月一五日の聖ナポレオンの日が復活して、勲章を付けた退役軍人《ベテラン》たちが行列してナポレオンの銅像に花輪を捧げた。

第二帝政が終わって第三共和政になった時、「共和国」の理念としてのフランス革命とその成就者であったナポレオンを国家の英雄とする方針が決まった。一八七〇年の普仏戦争の敗北の後、共和国は統合のアイデンティティを求めていた。シャルルマーニュ、ジャンヌ・ダルクと共にナポレオンが選ばれた。民衆向けに大部数の本を発行する出版社が登場し、革命とナポレオン時代をテーマにした一大ロマンは人々を魅了した。

一八八七年にパリのサロンで「聖ナポレオンの宴」が開催された時の七五〇人の招待者の中に九〇代に達した退役軍人《ベテラン》数名の姿があった。一八九四年の『ル・ゴロワ』紙によると、当時少なくとも四人の百歳を超えた退役軍人《ベテラン》が生き残っていた。彼らの長命と頑健さはナポレオン神話に輝きを加えるに足るものだった。

ナポレオンとド・ゴール将軍

二〇世紀のフランスは二度の世界大戦の舞台となり、第二次世界大戦ではドイツ軍に占領された。ヴィシィに親独政権が建てられたが、対独レジスタンスは続き、イギリスに亡命していたシャルル・ド・ゴール将軍がロンドンから「自由フランス」を宣言して、連合軍と共に戦ってパリに進み、パリとフランスを「解放」した。ド・ゴール将軍は「自由」と「解放」というシンボルとしてナポレオン以来の「英雄」となった。

一九四六年に政界から姿を消し、隠居に近い状態で戦争の回想記を執筆していたが一九五八年に再び登場して、大統領が強権を持つ第五共和制を創始するという「復活」劇もナポレオンを思わせるものがあった。ナポレオンがコルシカ出身で、フランス革命を主導したエリートの階層出身ではなかったように、ド・ゴールも王党派に近い保守的なカトリックであり、無神論的な「共和国エリート」の出身ではなかった。けれども、小柄なナポレオンが民衆の懐に飛び込むような親密性を抱かせる才に長けていたのに対して、大柄で人と距離をおくド・ゴールは人々に畏怖の念を抱かせた。

二人に共通していたのは、自らの出自や立場に拠って立たず、狭い意味の愛国心にも拠って立たず、啓蒙の世紀とフランス革命が掲げた普遍主義の理念を基軸とすることで、フランスを「一国よりも大きな国」に拡張して、そのフランスの負うべき「宿命」のために身を捧げたことだった。

やはり戦場の英雄だった一四世紀の救国の少女ジャンヌ・ダルクは、「イギリス軍を追い出す」というナショナリズムを創始したり、カトリック教会から聖女として列聖されたりしたことで、今は、カトリックからも共和国主義者からも極右ナショナリストからも都合のいいようにカスタマイズされている。

それに対して、ナポレオンとド・ゴール将軍のふたりは、フランスをフランス人よりもはるかに普遍的な高みにおくことによって統合する誇り高いシンボルとなった。

フランスがフランス革命の人権宣言を憲法に掲げる「共和国」である限り、「ド・ゴール」主義（ゴーリスム）は「共通善」としてフランスのすべての政治家に共有されている。「ド・ゴール」主義がそのスペックに組み入れられていない政治家はフランスでは生きられない。

しかし、ナポレオンはどうだろう。

二一世紀の今も、フランスで歴史上最も重要な人物はと問えば、必ずナポレオンの名が首位を占める。ナポレオンはその法整備と行政システムにおいて「近代フランス」の創始者だった。フランス革命が廃止した奴隷制を一八〇二年のグアドループで復活させたことで後世から非難されるが、その時点では、イギリスから返還されたマルチニックに存続していた奴隷制に合わせるための処置であったし、百日天下の政権では奴隷制を廃止している。フランスにとっては誤った戦略となったスペインとポルトガルへの侵攻も、結果的には中南米にある両国の植民地の独立を助けることになったし、領邦国家だったイタリアやドイツの統一にも間接的に寄与し、大西洋でのイギリスとの戦いはアメリカの経済力を押し上げた。

ナポレオンには今も熱狂的なファンがいる。市井のサラリーマンが何年もかけて地下室いっぱいにナポレオン・ルームを設けて記念品で飾りたてるし、イラク派兵でアメリカを激しく批判したドミニク・ド・ヴィルパン元首相のようにナポレオンの大部の評伝を何冊も書き上げる人もいる。アメリカ人もドイツ人もナポレオンや大陸軍のコスプレをし、ナポレオン・グッズを収集する。ナポレオンには説明できない親しみやすさがあるのだ。彼のディスクールが兵士たちの心にまっすぐ入ってきて脈打たせたことの残滓は今もうかがえる。ド・ゴール将軍はそうではなかった。

ナポレオンとド・ゴールの決定的な違いはもう一つある。ド・ゴール将軍が共和国の理念に仕える「聖人」として安定的に崇敬されるのに対して、ナポレオンのほうは共和国の理念という武器を携えた「神」であるから、冒瀆の対象にもなり、「無神論者」も生んだことだ。「共和国理念」とはキリスト教の原初の価値が非宗教化した超越的価値なのだから、それを生身で「体現」する「神」は、すべて偶像であり独裁者だと激しく忌避される。ナポレオンの周りには、極端な崇敬と同じくらいに極端な憎悪が生まれた。言い換えると、そのような激しい反発の存在そのものが、ナポレオンを神と崇める「ナポレオン教」の存在を裏付ける。「神」としてのナポレオンに今も投げかけられる「冒瀆」が、その神のあり方を雄弁に物語っている。

ナポレオンは、ピウス七世に負けないくらいに、「聖性」に対する深い洞察力を持っていた。けれどもそれだけではない。人々の心の波長をたちまち自分に同調させるたぐいまれな親和力を備えていた。文学的な大きな振幅に耐える流麗な感受性と、進歩的な強固なヴィジョンに拠って立つ合理性と、普遍的な視野に広がるストイックな精神性も備えていた。

何よりも、それらから交互に発せられる攻撃性と沈潜、力と華麗さの狭間にはきわどい何かがあった。その「きわどい何か」に魅入られると同時に後ずさりして無神論の深淵に身を投げる人々は、今もとだえることがない。

ナポレオンと神の物語は、人と人との間に繰り広げられる誘惑と魅了、抵抗と反逆、心酔と裏切り、信頼と驚愕、野心と諦念の物語であり続ける。

第3部　ナポレオンの聖蹟

1. ナポレオンと秘教

秘教とプラグマティズム

「あいつらは、いいことをしようとしてとんでもない狂気に走る馬鹿者どもだ。とはいっても、彼らも、時々はましなことをした。革命の役に立ったし、教皇や教会の力を削減するのにも役立った」。

失墜して大西洋の孤島セント・ヘレナに追いやられた翌年、死の五年前に当たる一八一六年にナポレオンがこう語ったのは、フリーメイスンについてだった。

フリーメイスン運動はフランスの革命前の旧体制（アンシャン・レジーム）において、政治的自由主義、宗教的相対主義によって啓蒙思想の醸成の場を提供していたが、同時にその秘密主義や秘教主義によって、あらゆる陰謀論の主な一翼を担ってきた。フリーメイスンの掲げた「宇宙の偉大な設計者」は、キリスト教の教義の語彙を使わないという点で「理神論」的な考え方に基づく概念であったとはいえ、一神教的な「万物の創造神」を指しているのは間違いがない。またロッジ内で行われるさまざまな儀式や、諸宗教を折衷したようなシンボルの多用などは、ナポレオンのようなプラグマティックな人間にとっては、まるで蒙昧な「新興宗教」に見えたとしてもおかしくはない。

実際は、当時のフランスのマジョリティである伝統的なカトリックの陣営にいた知識人や貴族も、また絶対王政によって追われたプロテスタントの思想家にも、教義や典礼を信じなくなった理神論者や無神論者にも、現実の共同体と精神的霊的なシンボルとを分けるなどという発想はなかった。

彼らはそれぞれの社会的立場とは別のフリーメイスナリーという場において、普遍価値に基づいた「法の支配」と三権分立による共和国理念を育てていたのだが、その場における兄弟愛《フラテルニテ》を担保する固有の霊的シンボルを必要としていたのだ。それは、中世以来、各種の職業組合が同じ守護聖人を戴く兄弟団《フラテルニテ》として仲間内の暗号や儀式を維持してきた心性の延長であり、カテドラルの建築のために欧州各地を旅した石工《メイスン》の組合をシンボルに掲げているフリーメイスンがキリスト教風味の儀式を前提としたのは当然だった。しかしキリスト教から既成教会色を薄めてより思弁的にするために、彼らは政教分離的世俗主義を採る代わりに、ルネサンス以来研究の対象となっていた永遠の哲学《フィロソフィア・ペレニス》へと向かった。

すなわち、歴史の中で古今東西現われたいろいろな宗教は源をたどれば一つのものであり、それが途切れることなく地下水脈を流れているというものだ。フランス革命を用意した啓蒙主義の時代には、一方で、既成宗教の「蒙昧」を批判する科学主義や合理主義が生まれたわけだが、宗教を廃する発想よりも、相対化することによって、普遍主義共和国にふさわしい普遍宗教を創ろうという発想がエリートたちの心をとらえたのである。

だからこそ、スコットランドのプロテスタントから生まれた近代フリーメイスンは、フランスに広まった時に古代エジプトなどの秘教的な典礼を加えたものが人気を博したのである。共和国主義を目指すフリーメイスンの一角をなしていた宮廷の貴族階級の中にも、錬金術などによって私利私欲をそそられた者が出てきたのは当然の帰結でもあり、フリーメイスンは、秘教主義《エゾテリスム》と普遍主義《ユニヴェルサリスム》が両立するアンビヴァレントな場となっていた。

フランス革命に先立つアメリカの独立戦争にフリーメイスンが果たした役割は大きかった。フランス貴族のラ・ファイエットのように、自費でアメリカの独立戦争を支援して戦った者もいたが、彼とワシントンが世代と国の差を超えて共闘したのもフリーメイスンの絆があったからこそだった。ナポレオンがそれらの事情に通じていたのはもちろんだ。

ナポレオンとフリーメイスン

ナポレオンはあらゆる点でフランス革命の他の指導者たちと異なっていた。彼は、ロベスピエールのように理性の女神の祭典も必要としなかったし、聖母マリアの代わりに革命の先頭に立つ共和国のシンボルであるマリアンヌも必要としなかった。社会の秩序維持には宗教が必要だとはすぐに見抜いたが、新宗教を立てたり宗教もどきの猿真似をしたりするよりも手っ取り早く、基盤のある伝統的なカトリックを復活させてその枠内で「神」の地位に就くことを目指したのだ。言い換えると、ナポレオン自身は「生きる指針としての信仰」を必要としていなかった。特定のシンボルも、典礼も、崇拝の対象は必要なかった。彼が必要としたのは、既成の宗教の枠組みの中でいかに民衆の崇拝の対象を自分に誘導していくかというセルフ・プロデュースだったのだ。

そのナポレオンが実はフリーメイスンの一員だったという説は、現在でも残っている。兄弟や義理の兄弟にフリーメイスンがいるのは確かなようで、ナポレオン自身もコルシカのロッジに属していたという説もあるが、人気なのは、エジプト遠征（一七九八―九九）の時に現地で入会の儀式《イニシエーション》を受けたというものである。ナポレオンのエジプト遠征は、軍事活動であると同時に本格的な科学調査でもあった。これを機に、ヨーロッパにおけるピラミッドやヒエログリフ熱は一気に高まった。すでに薔薇十字団のエジプト秘蹟の影響を受けていたフリーメイスンのロッジにもエジプト風味の「ミスライム典礼」が現われ、メイスンの由来も、「中世の大聖堂の石工」からエジプトのファラオやイシス神の信仰に求める流れが出てきた。フリーメイスンにとっては、ナポレオンこそが、砂漠で入会の儀式《イニシエーション》を受けるにふさわしい。

ともかくナポレオンがフランス革命におけるフリーメイスンの人脈に通じていたのは確かだ。一七九九年の革命で第一統領となって権力を把握した時に彼のとった戦略は、フリーメイスンを禁止したり解散させたりすることではなく、支配することだった。恐怖政治の時期に影を潜めていたパリのロッジは、コルシカ出の新権力者ナポレオンの敵の巣窟となるリスクもあったが、ナポレオンのプラグマティズムは、ロッジを温存することでカトリック教会を裏から牽制できると考えた。同時に、フランス革命を支えた貴族や名士たちはロッジの枠でまとめておく方がコントロールしやすいと考えたのだ。

皇帝になってからもその方針は変わらなかった。彼はやがてナポリ王、スペイン王の称号を得る実兄のジョセフをフリーメイスンのグランドマスターに据え、カンバセレス、マセナ、セリュリエ、フーシェといった元帥や将軍や政府高官たちをメイスン組織の高位に配した。ロッジは警察に監視された。いわば帝国のイデオロギー裏軍団に作り替えたようなものだったわけである。メイスンのほとんどはグラントリアンにまとめられ、皇帝軍の勝利を祝い、皇帝の家族の結婚や子供の誕生を祝い、春の初めには「自然の目覚め」祭、冬の初めは「自然の休息」祭を祝うことが義務付けられた。旧体制の貴族や聖職者は少しずつ離れていき、新興ブルジョワジーを中心とした「帝政フリーメイスン」に変質させられたのだ。一八一四年、プロシア軍とロシア軍がパリに入城してナポレオンが廃位した時、ジョセフ・ボナパルトやカンバセレスらメイスンのトップも亡命し、多くのロッジが活動停止した。

ところが、ルイ一六世の弟でイギリスに亡命していたルイ一八世が王位についた後、フリーメイスンは、今度は親王政派として活動を再開し、ルイ一八世が死んだ時は彼をメイスンの一人だと見なして葬礼を執り行った。ルイ一八世政府の内務大臣エリ・ドゥカーズはメイスンの中枢にいた。グラントリアンは自らを「法律、宗教、王政、その他民衆が崇敬するすべての尊重に基づく、福祉と人類愛の集まり」と定義した。

政治と陰謀と秘密結社

もちろんすべてのフリーメイスンが共和国主義を捨てて王党派に転向したわけではない。むしろナポレオンの没落によって以前より政治的に急進化し、秘密結社的性格も強くなった新しいレジスタンスの場も形成された。その経緯でイタリアの炭焼党《カルボネリア》との共闘が起こる。炭焼党は石工同業組合をモデルにしたメイスンと違い木炭製造業組合をモデルにイタリアに生まれたが、その中心人物は、ナポリ王となったメイスンであるジョゼフ・ボナパルトの親友でやはりメイスンの弁護士ピエール・ブリオだ。ナポレオンの没落後に侵攻したオーストリア軍に抵抗し、自由イタリアの統一を目指した炭焼党は一八一九年に六四万人以上の党員を抱えていた。ブリオがナポレオン帝国の崩壊後にフランスに戻った後で、炭焼党もフランスに広まり、パリの「真実の友」というメイスンのロッジを中心に勢力を伸ばした。このロッジは共和派の若い学生を中心に一千名を超えるメンバーがいたが、フリーメイスンの典礼などを重視したわけではなく、完全に政治的地下組織となっていた。

セント・ヘレナ島でのナポレオンの死が伝えられるまでは、エルバ島からの帰還のように「セント・ヘレナ島からの帰還」が、まことしやかに口の端に上った。

アメリカの独立戦争にも活躍した啓蒙思想の活動家でメイスンであるラ・ファイエット侯爵も、炭焼党に加わった。自らも貴族で立憲民主主義に基づく王政を目指していたラ・ファイエットは、革命時にジャコバン党と対立して亡命しオーストリアで捕虜となっていたが、ナポレオン統領時代にフランスに戻った。けれどもラ・ファイエットは、ナポレオンが皇帝となり自らを「神」になぞらえて、キリスト教もフリーメイスンも「帝国仕様」に変質させることを容認できなかった。

ナポレオンの敗退後は、ルイ一八世がフランス革命と旧体制とを統合できるかと期待したが、かなわなかった。王党メイスンの中心人物となったエリ・ドゥカーズは、王家に対する謀略を企てる者を裁判なしに逮捕拘束できる治安法案を議会で通過させた。それは旧体制下で王への謀反分子を裁判なしに断罪できる「勅許状」の復活に等しい。採決の場で反対派議員として法案を激しく糾弾したラ・ファイエットは、やがて息子と共に炭焼党に身を投じた。息子はアメリカの独立戦争を共に戦ったフリーメイスンの大先輩にちなんでジョージ＝ワシントンと名づけられていた。

ナポレオンの死の翌年の一八二二年三月一四日、リヨンのある家の扉が合言葉によって開かれて七人の男が集まった。裏手の暗い部屋の仮設舞台に三色旗とナポレオンの鷲の帝国旗に覆われた小さな棺が置かれ、蠟燭がともされて模擬葬儀が営まれてナポレオンの功績をたたえる賛辞が延々と続いた。彼らはブルボン家のルイ一八世を倒そうとする炭焼党《カルボネリア》の秘密結社の革命家たちだった。絶対権力を持つ皇帝であったナポレオンは、セント・ヘレナ島での「死」と共にシンボルとして復活し、民衆の手に自由を回復する聖なる戦いに結集する男たちの崇敬する「神」になっていたのだ。それは「ロマン派の神」の誕生でもあった。ナポレオンの名は多くの地下組織に力とオーラを付与し、ボナパルティストを形成した。内務省は「革新派」「共和国派」「ボナパルティスト」を区別なくブラックリストの中で数え立てた。

その年の九月、各地で反体制運動を展開した炭焼党員のうち、二〇代の四人の若者がギロチンの刃によってパリで公開処刑された。ナポレオンと共にワーテルローで戦って負傷した若き軍曹ジャン＝フランソワ・ボリエスもその一人だった。炭焼党員であるとともにフリーメイスンでもあった。

実力行使なしの謀議罪でのみ捕らわれた上に、仲間の名や組織構成を明かすことなく処刑されることを選んだ若者たちの姿は、多くの人々を感動させた。「ラ・ロッシェルの四人の軍曹」と語り継がれた彼らの死は、一八三〇年、四八年、七〇年と繰り返される新たな革命のエネルギー源となったのだ。

ナポレオン戦争で幕を開けたヨーロッパの一九世紀は、ロマン派の時代でもある。「自由のために一命を捧げる」という自己犠牲のテーマは、救世主の死と復活によって救いが成就するというキリスト教の基盤にもあり、形を変えてアメリカの独立戦争やフランス革命の闘志たちを鼓舞した。ナポレオンも自由や平等という普遍主義を掲げた「啓蒙の世紀」の申し子ではあったけれど、自らを終身の元首に位置づけて権力の世襲を図った後では、「ロマン派の世紀」を乗り切ることができなかったわけである。

全能の神になろうとしたナポレオンは「軍神」にしかなれなかった。ロマン派の世紀が必要としたのは「自己犠牲の神」であり、「自由の殉教者」だったのだ。

2. ナポレオンとエジプトの神々

カイロの共和国祭

一九三一年までエジプトのカイロでは、「一七九八年九月二二日の共和国祭」というセレモニーが存在した。広場の真ん中に三色旗《トリコロール》が飾られた柱に囲まれたスペースが作られ、「アラーのほかに神はなし、ムハンマドはその預言者である」と書かれた凱旋門をくぐってその中に入ると、「フランス共和国へ」「マムルーク追放を記念して」と記された木製のオベリスクが立っていた。一七九八年にアレキサンドリアを占領した後でカイロに向かったナポレオン軍は、ピラミッドの近くで騎馬民族出身のマムルーク騎兵隊を破った。当時オスマン帝国の属領であったエジプトを実行支配していたのは、一三世紀から一六世紀にかけてシリア・エジプトを支配していた軍事政権マムルーク朝の残党だった。ナポレオン軍に追われて南下したマムルークはゲリラ戦を続けたが、ナポレオンが引き揚げた後に残ったフランス軍によって一八〇一年に追討された。そのすぐ後でイギリスとオスマン帝国の連合軍によってフランス軍は撤退し、混乱を続ける情勢の中で近代化を目指す州総督のアルバニア系ムハンマド・アリーによる世襲政権が、一八一一年にマムルークを全滅させた。

フランス軍がエジプトと中東にいたのは、ナポレオンが一年、その後にさらに一年という短い期間だった。ナポレオンは、アレキサンドリアを占領した後にすぐ、アラビア語で自らが「解放者」であると喧伝した。けれどもカイロ入城から三ヵ月後には、カイロの暴動で将官を含めたフランス兵が殺されている。

にもかかわらず、その後のイギリスやオスマン帝国の介入、ムハンマド・アリー政権を経て、王国の独立に至るまで、ナポレオン軍がマムルークからカイロを「解放」したというフランス史観が、「一七九八年九月二二日の共和国祭」の形で一九三二年まで存在していたというのは驚くべきことだ。

エジプト遠征

一七九八年六月三〇日、ナポレオンはエジプトのパシャに宛てて、「フランス共和国はエジプトにおけるベイ（トルコの執政官、ここではマムルークを指す）の横行をやめさせるために強力な軍隊を派遣する。パシャはベイの主人であるべきで、私の到着を喜び迎えて、不敬な人種であるベイを私と共に呪おうではないか」と書簡を送った。

七月一日の深夜、ナポレオンは三〇〇隻の艦隊でアレキサンドリアに上陸し、二日の朝はじめてエジプトの民衆に向けて、フランス軍に味方するものは富と地位を保証され、マムルークに加担して武器を取って刃向かうものには容赦しないと宣言した。一週間でアレキサンドリアを制圧して、二一日には「ピラミッドの戦い」に勝利して二二日にはギゼーの司令部からカイロの有力者たちに向けて、「服従のしるしの代表団を司令部に送るように、カイロに入る軍隊のために衣食を準備するように、しかし心配はいらない、私はだれよりも強くあなたたちの幸せを願っている」という書簡を送った。

こうして「解放者」としてカイロに入ったナポレオンは、九月四日にエジプトの全住民がフランス共和国の三色徽章を付けること、ナイルを航行するすべての船と、カイロとすべての地方の政庁所在地の最大のミナレットの上に三色旗を掲げる命令を下した。こうして開催されたのが、フランス共和国設立の公式祭典であったのだ。ところが民衆の暴動が起こったのは、それから一ト月も経っていない一〇月二一日のことだった。「共和国政府」が、エジプトの「近代化」に着手し、土地の所有権の記載と固定資産税の徴収を取り決めたことへの不満がきっかけだった。

ナポレオンは翌日すぐにそれを制圧し現地人内閣も閉鎖、次の日には武器を取って反乱した者全員の首を切り、首のない体はナイル川に捨てるようにとベルティエに命令した。一週間後には五〇〇〇人以上が処刑され、月末には、パリの施設にちなんで「ティボリ」と命名された舞台付きの庭園社交場をカイロに開いて、ベリーダンスなどの興業がおこなわれた。ナポレオンはここで、ポーリーヌ・フレスと出会う。ナポレオン軍の士官の妻で、男装して夫についてきていた。ナポレオンは彼女を公式の愛人として、将官の制服を着せて従軍させ、彼女は「われらのクレオパトラ」「オリエントのノートルダム」などと称された。

宗教政策

同じ年の一二月一九日、それまでトルコ政府から税を徴収されていたシナイ半島の聖カタリナ修道院の課税を廃止し、典礼の自由な挙行が許された。その理由として、「われらの征服を将来に述べ伝えるため」と「その宇宙観を最も遠い過去にさかのぼって我々に提供するモーセとユダヤの民への敬意」と「シナイ山の修道院は荒野の蛮族の間に生きる教養ある文明人が住むところである」ことを挙げた。修道院の領地から得られる作物の輸出の関税も撤廃されたが、その地でムハンマドがそうしたとされるような「亡命者」を匿うことは禁止された。

聖カタリナ修道院はギリシア正教の修道院で、キリスト教世界で最も古いものの一つであり、シナイ山はユダヤの民を引き連れてエジプトから脱出して「約束の地」に着く前にモーセが「燃える柴」の前で神の言葉を授かったとされる場所だ。ナポレオンはこの修道院の壁の一部の修復もクレベール将軍に命じている。一七九八年、フランス共和国はまだ総裁政府（ディレクトワール）の時代で、ナポレオンは軍のリーダーでしかない。翌年エジプトからフランスに戻ってクーデターを成功させて三人の執政政権を樹立し、さらに次の年に人民投票によって第一執政官（統領）の地位を獲得したナポレオンが一八〇一年のコンコルダによってフランスのカトリック教会を復活させる以前のことである。エジプトにおいて、イスラム世界でその経済機能（巡礼者や商取引）故に生き延びていたキリスト教修道院の旧約聖書のルーツを尊重して「信教の自由」を保証したことは、ナポレオンが「聖なるもの」の偉大さと使い道をよく心得ていたことを示している。

それだけではない。エジプトで、イスラムという後発の一神教だけではなくキリスト教のルーツの一つ（モーセの時代やイエスの聖家族のエジプト亡命）と出会い、さらに古い古代文化の数々の遺産と出会ったことは、「聖なるもの」が普遍性を包括することができるという確信をナポレオンに植えつけることになった。

エジプトとフランス

エジプトとフランスの短い出会いは、大きな衝撃を双方にもたらした。ナポレオンはエジプトに理性主導の近代理念と「権利における平等」の持つ力を示した。「聖なるもの」を特権から解放して普遍性につなげるというナポレオンの発想の新しさが確実な足跡を刻んだからこそ、フランス軍が敗退してからの過渡の時代にも、「一七九八年九月二二日の共和国祭」が続いていたのだ。

一方で、大規模な学術調査団を伴ったナポレオンの遠征も、ヨーロッパの側でその世界観を大きく広げる風穴となった。

それまでギリシア＝ローマ文化とユダヤ＝キリスト教文化の基盤にのみ足場を置いていたヨーロッパが、そのいずれよりも古い「人類の文化の起源」に目を開いたのだ。それまでのヨーロッパでの「エジプト」趣味は、薔薇十字団やフリーメイスンに取り入れられたような神秘的でオカルト的なディレッタンティズムに限られていた。それに対して、「啓蒙の世紀」の論理的帰結としてのフランス革命とその延長にあるナポレオン軍のエジプト遠征は、最初から「科学の目」をエジプト文明に向けていた。

「共和国」政府を置いて一ト月後の一七九八年八月二三日にカイロに開設されたフランス研究所《アンスティチュ》の使

命は、「エジプトに進歩をもたらし啓蒙を普及させること」と、「エジプトの自然、産業、歴史事情を探索、研究し、出版すること」の両輪からなっていた。

軍隊が早々と撤退したのにもかかわらず、フランスはその後もエジプトとの間の意識下の特別な関係を維持し続けた。ナポレオンはその後皇帝となり、没落し、セント・ヘレナ島に流された後ですぐ、エジプトとシリア遠征についてベルトランに口述している。それは失われた過去への追憶などではなく、ナポレオンにとってエジプトが永遠のアクチュアリティでありプロジェクトとして脈打つものだったことを物語る。ナポレオンは、最初にエジプトに上陸し、最初にピラミッドを見た時、「このピラミッド群のはるか上から、四〇世紀の年月が諸君を見つめている」と兵士たちに言ったと伝えられる。

すべての同行者も広大な景色と砂漠に照りつける太陽に感動した。

数学者のガスパール・モンジュは妻に宛てて、「エジプトに来て以来、空はいつも晴れ渡り、太陽はいつも輝き、雨が少しでも降れば驚きだ。この土地に人が住み、町ができ、植物が植えられれば、地上の楽園だろう。冬にここへきて収穫しその収入で春にはパリで暮らせるだろう」と書き送っている。

けれども、ナポレオンが見たのは何よりも、自分を同化することのできる「歴史」であり「歴史の精神」だった。ナポレオンの回想記には、「エジプト、シリア、アラビア、イラクは一人の男を待っていた」と記された。フランス文化を砂漠の真ん中に再現させたスタッフ、学術調査団の面々、若きナポレオンが尊敬したクレベール将軍についても語られてはいるが、実はすべてがナポレオン自身の

エジプト遠征　1798 年

偉大さを反映したものであることは容易に読み取れる。

フランス軍がエジプト遠征に踏み切ったのは、どうしても従わせることのできないイギリスへの牽制だった。カレーから英仏海峡を渡ってイギリスに攻め込むだけの余裕はなかったので別の作戦が必要だった。まず一五万人を英仏海峡に向かって駐屯させ防衛し、その陰で別に二手が準備された。三万人をブルターニュのブレストからアイルランドに送り、現地の一〇万人の反政府軍と合流させること、もう一つが、地中海を渡ってエジプトに上陸し、イギリスのインド会社の通商を妨げることだった（マムルークは一七七五年にイギリスとのインド会社との取引を開始していたが、フランスは革命以来斥けられていた）。

ナポレオンはまず英仏海峡に姿を現わすという陽動作戦をかけた後で、五万四〇〇〇人の兵を率いて秘密裏にエジプトに向かったのだ。その「戦略」上の遠征に一六〇名以上の科学者、建築技術者、歴史学者、音楽家などの調査団を同行させて、現地の地勢や物産だけでなく古代遺跡の調査までを視野に入れていたことは驚くべきことだ。

ナポレオンはエジプトの悠久の歴史にロマン派的な夢を投影していたわけではない。中近東を制覇することは、「啓蒙の帝国」を築く第一歩だと意識していた。冷静な視線で地図を作製し、検討し、行政システムを戦略的に検討した。近代理念の「啓蒙」の延長にはあったが、その仕事はイデオロギーの押しつけではなく、行政による現実主義的アプローチだった。行政システムを整えるにあたってエジプトで特に重要なファクターが二つあった。その一つは「水」であり、もう一つが宗教感情の深さであった。その二つを制することなしには征服は完成しない。

共和国の掲げる「自由・平等・同胞愛」という理念にいちはやく反応したのは、女性たちだった。ロゼッタ・ストーンの発見で有名なロゼッタの町の女性たちは、スルタンにフランス人のやり方に従って女性を扱ってほしいと嘆願した。

上エジプトの総督エル・ケビルのスルタンと呼ばれたドゥゼ提督は、貧しい農民（フランス軍の傭兵となった）がベドウィンに殺された時に、ベドヴィンを罰した。それを見たムスリムの長老たちが驚いて「なぜ怒るのだ、あの農民はあなたの息子だったのか？」と尋ねたとき、ドゥゼは「そうとも、私に従うすべてのものは私の子供である」と答えた。人命の平等についてのこの考え方の新しさには、社会的な差別を受けている女性たちからの反応の方が早かったというわけだ。他のエジプト人たちが「西洋近代」の理念をどう受け止めたかという証言は、残念ながら多くない。

確かに言えることは、啓蒙の世紀の「人権」の概念を有していたフランス人には、三世紀前に「新大陸」を「発見」したスペイン人たちがインディオに向けたような視線はなかったということだろう。

ナポレオンに同行してエジプトの美術品を鑑定し遺跡や景色の素描を残し、ナポレオン博物館（のちに王立ルーヴル博物館）の基礎を築いたヴィヴァン・ドゥノンは、「マムルークからの解放」と言いながらフランス人がマムルークにとって代わっただけではないかと自問した。また、フランス軍と共にドゥゼに率いられてアスワンへと向かう現地の兵士たちを見て、彼らが自分たちと同様の快活さや生気を備えていると観察して記録した。フランス兵はトゥールとメズィエールの召集兵からなっていたが、エドフのホルス神殿に到着した時に現地兵も含めた全軍が神殿遺跡に駆け上って記念に名を刻み、「ここにあるすべての名はフランス人である」と書いた。何をもってフランス人とするかという意識はまだ確立していなかった時代であるが、前述したドゥゼの言葉のように、「共和国軍」に従う者が平等な同胞とみなされていたということだろう。

一方で、当時のエジプトの年代記作者で歴史家、宗教学者でもあったアブデル・ラーマン・エルガバルティは、フランス軍の学術調査団を訪問し、民衆の苦しみを超える「理性」の効用について記している。

学術調査

エジプト遠征における学術調査の道は決してたやすいものではなかった。

アレキサンドリアへの上陸がすでに難航した。サンゴ礁に囲まれた荒れた海を前に停滞を余儀なくされ、発掘、調査に必要な機材を乗せた三本マストで五八〇トンの「愛国者号《ル・パトリオット》」は、浅瀬で損傷して横倒しになった。植物学者の用意した標本用の紙が流され、「ジョフロワ・サン＝イレール（自然史博物館教授で動物学者）はエチル・アルコールも狩猟用火薬も失った」と、ニコラ・コンテ（鉛筆の発明者）が妻に宛てた手紙に書かれている。数学者のガスパール・モンジュや化学者のクロード・ベルトレなどの重鎮を含む科学者たちの身は幸い無事だった。イタリア遠征の雄である二八歳のナポレオンに率いられた平均年齢二三歳という若い共和国エリートたちは、自分たちがどこに行きどのくらい滞在するのかを知らなかった。

兵士たちが上陸するのを見届けた後で、七月四日に調査団は、地中海貿易の拠点であり三世紀もの間戦火に見舞われなかったアレキサンドリアにようやく足を踏み入れた。住民は兵士たちよりはるかに少ない六〇〇〇人しかいなかった。連戦で疲労し酷熱に悩まされた兵士たちは、古都を前にした調査団がすっかり魅了されている姿を見て驚いた。数日後、ジョフロワ・サン＝イレールらが軍団と分かれてロゼッタに向かったが、残りはナポレオンと共にカイロに進んだ。調査団とその機材は、戦闘に巻き込まれないように安全距離をとってナイル河を船でさかのぼった。七月二一日、ギゼーのピラミッドのそばを通った時に、彼らは大砲の音を聞いた。「ピラミッドの戦い」で六〇〇〇人と言われるマムルーク騎兵隊を攻撃する音だった。

エジプト研究所は司令部から二キロ離れたマムルークの宮殿に設置され、数学、物理、政治経済、文学芸術の四つのセクションに分けられた。

ナポレオンは、ナイル河の水の浄化からパンや火薬の製造まで、五日ごとに新しい課題を与えた。アレキサンドリアからカイロまでの行軍で兵士たちが体験した蜃気楼についてはじめて科学的な考察と研究がなされた。与えられたテーマの広範さと具体性からは、ナポレオンの深い予備知識、旺盛な好奇心、熱烈な探求心、「普遍の真理」へのぶれない志向などがうかがわれる。実際、軍隊はこの「エジプト研究所」へのナポレオンの肝いりに嫉妬し、「将軍の寵姫」と呼ぶほどだった。ダチョウの解剖学についての講演に参加した兵士の一人は、ダチョウが飛ぶためにできているのか走るためにできているのかについて三時間も話す意味が理解できなかった。兵士だけでなくエジプト人の代表者らも通訳を付けて物理や化学の講演に出席したが、西洋科学の意義が分からなかった。ベルトローは静電気を使った華麗な実験を披露したが、彼らはそれが美しいことは認めても、エジプトとモロッコに同時に存在できるのでなければ「魔術師」とは言えない、とコメントした。啓蒙の世紀の科学と進歩の光を、人類の文化のルーツであるエジプトに広めることはナポレオン遠征軍の使命の一つだったが、エジプト人が本気で役に立つと受け入れたのは印刷術だけだった。

一方、フランスの科学者たちは、鶏卵の人工孵化器や石膏の攪拌機などといったエジプト人の独創的な発明品を取り入れることにやぶさかではなかった。科学者たちは好奇心のままに危険を冒してカイロから遠くへ足を延ばした。

一七九八年の九月にはギゼーのピラミッドの調査が開始され、ナイルのデルタ地帯も調査された。スエズでは地中海と紅海をつなぐ可能性が研究され、後のスエズ運河工事の基礎を用意した。一一月から、ヴィヴァン・ドゥノンは上エジプトを進むドゥゼ将軍の一隊に半年間たった一人で同行し、カルナック、ヘルモポリス、ルクソールなどのおびただしい画を残した。テーベの古代遺跡群を前にしたときは、軍隊の動きがひとりでに止まり拍手が起こった。

一七九九年一月、ベルトローは、軍隊に護衛されてタンザニアの北部にある炭酸ナトリウム（麻の漂白やガラス製造に使う）の豊富な強アルカリ内陸湖ナトロン湖にまで遠出して調査した。同年の七月、ナイル左岸に防護壁を建設していた兵士たちが偶然に黒大理石を発掘した。同行の科学者はすぐにその重要性を認識した。石はすぐにカイロに持ち帰られて、刻まれていた象形文字とギリシア文字の拓本が数枚とられた。一八二二年にシャンポリオンによって象形文字が解読されたロゼッタ・ストーンである。

一七九九年二月、ナポレオンは一万二〇〇〇人の兵士を率いてシリアに渡ったが、トルコ勢力を破るという目的は果たせず二ヵ月でエジプトに戻り、その年の八月二三日には突然フランスに戻って、総裁政府を倒すクーデターの準備にかかり、一一月に自らが第一統領となる執政政権を打ち立てた。エジプトの調査団の重鎮であった数学者モンジュと科学者ベルトローはこの時ナポレオンに従ってエジプトを離れてフランスに戻った。残された兵士たちも科学者たちも互いのリーダーを失ってしまった。

カイロの司令部ではクレベール将軍が総司令官となった。ナポレオンがいた頃に五日ごとに行われていたエジプト学院のセッションは彼のシリア出発以後は休止状態となっていたが、クレベール下で再開し、一七九九年八月から一八〇〇年六月までに一一回開かれた。一八〇一年三月一日、アレキサンドリアにイギリス艦隊が到着してから、「引き揚げ」の準備が始まった。四月八日にロゼッタがイギリス軍の手に落ち、六月二七日にカイロが陥落し、調査団は研究や発掘の成果と共に船でナイル河をアレキサンドリアへと向かったが、途中で止められてしまった。

八月三一日にムヌー将軍が降伏文書に署名し、そこには調査団のすべての成果をイギリス軍に手渡すという項目があった。モンジュの弟子でもありエジプト学院の書記官であった当時三三歳の数学者ジョセフ・フーリエと、二九歳のジョフロワ・サン＝イレール（前述）はこれを激しく拒絶し、すべてを破壊すると脅した。結局イギリス軍は、ロゼッタ・ストーンを含む主要アイテムのみを没収すると決定し、調査団の科学者たちは最も大切なものは守ることができたと見なした。フーリエはナポレオンによってイゼール県の知事に命名された。

その成果は、『エジプト誌』となって現われて、「エジプト学」が誕生した。

当時の出版物はもともと販売が唯一の目的ではなかったが、二〇巻に及び四三人の著者による一五七編の論文を納めた九五〇〇ページのテキストとカラーを含む一千の図版からなる六種類のサイズの『エジプト誌』は当然、普及のために出版されたものではない。「古代史」「自然博物史」「近代国家」の三部からなるそれは、一八〇二年に終身統領となったナポレオンの命令によって着手され、皇帝となったナポレオンのもとの帝国出版局で一八〇九年に一千部限定で印刷が開始された。うち二〇〇部は皇帝ナポレオン所蔵にあてられて、残りは要人への寄贈と公立図書館への配布に当てられた。

ナポレオンとエジプト

軍事的には失敗に終わったナポレオンの「エジプト遠征」は、偉大なる科学の叙事詩である『エジプト誌』を残したのである。フーリエからロゼッタ・ストーンの拓本を見せられた若きシャンポリオンが、ヒエログリフの解読を発表したのは、ナポレオンがヨーロッパからもエジプトからも遠く離れたセント・ヘレナ島で一八二一年に没した翌年のことだった。『エジプト誌』全巻の刊行が終わったのはルイ一八世の没後の一八二八年のことである。

それにしても、わずか一年余りのエジプト遠征の間に、軍の司令官であったナポレオンがこれほどまでに学術調査に熱意を傾けたのはどうしてだろう。

ひとつには、その前のイタリア遠征の成功による自信と、古代ローマ遺跡を見聞した後での「古代ローマ帝国」に対する憧憬が考えられる。その皇帝たちに自分を重ねようとした時に、ローマ皇帝カエサルからも崇敬されていたという紀元前四世紀のアレクサンドロス大王の姿が現われる。ナポレオンはエジプトに上陸するときにまずアレキサンドリアに入った。アレキサンドリアの名はアレクサンドロス大王に由来する。ギリシア北部マケドニア王の息子として生まれたアレクサンドロスは、幼いころからアリストテレスに師事した。若くして王位につき遠征を重ねたが、各地からアリストテレスに動植物を送って研究の材料を提供した。エジプトからインドに至る大帝国を築き、エジプトを治めていたプトレマイオスはアレキサンドリアに王立学院と大図書館を作り、地理学や天文学などが発展した。

エジプトで本格的な学術調査を行うということ自体は、一八世紀という啓蒙の世紀における科学技術の進歩主義の当然の帰結ではあった。国際的なネットワークを築きつつあった科学者たちにはフリーメイスンも多かった。フランスのフリーメイスンはエジプト風の典礼を持つものが人気を博していた。学術的な興味以外に、エジプト趣味は貴族やブルジョワたちのディレッタンティズムの一要素でもあったのだ。

ナポレオンはそのようなディレッタンティズムとは縁がなかったが、「啓蒙思想」がパリのエリートたちのそのようなサークルの中で醸成されていったことを熟知していた。エジプト遠征という機会を与えられたことは絶対に逃すことのできないチャンスだった。驚くべきスピードでナポレオンは学術調査団のなすべきことを把握した。エジプトとエジプト文化を制することで、パリのエリートたちから見るとコルシカ訛りの田舎貴族でしかない自分が、カエサルやアレクサンドロス大王に直接つながる可能性を見出したのだ。

こうして知的な武装に関しても準備万端の状態でカイロに向かった若きナポレオンは、途中にそびえるピラミッドを実際に目にしたとき、「悠久」とは何かを実感した。時を遡ってつなげる正統性だけではなく、時を超えた「永遠」の地平に現われる「聖性」を捉《とら》える感受性にスイッチが入ったのだ。皇帝として君臨する正統性だけではなく、「神」としてあがめられる聖性の構築の必要性をナポレオンが確信したのはこの時だった。

3.「宇宙の大建築家《アーキテクト》」ナポレオン

パンテオン（汎神殿）

啓蒙の世紀のヨーロッパに拡がったフリーメイスンのロッジには、カトリックとプロテスタントと理神論者《ディスト》とが共存していた。権力装置としてまた領主として既得権益を守るカトリック教会と高位聖職者のネットワークに疑問をいだいた人々は、既存教会の占有物と化した「三位一体の神」を否定して、宇宙の創造者《クリエイター》としての「神」の概念を抽出して採用した。彼らが手あかのついた「神」という言葉を避けて与えた称号が、「宇宙の大建築家《アーキテクト》」である。フランス革命はカトリック教会を追い出して理神論的な「理性の女神」などに置き換えたが、フランス中に根を下ろしていたカトリックの組織やそれに依拠した人々の生活のリズムやメンタリティを変えることはできなかった。

最終的にはローマ教会と「和解」して「帝国カトリック」を標榜したナポレオンだったが、真に「神」と競合するためには、目に見えない「権威」や「業績」とは別に目に見える偉大さを残す必要があった。「神」の「業績」の中で人間にとって最も決定的であったのは、天地創造と万物の創造である。その後、慢心した人間が天にも届こうという「バベルの塔」を自力で築こうとするが、神に阻まれてしまった。ナポレオンは神に阻まれずに偉大な建築家とならなくてはいけない。「宇宙の大建築家《アーキテクト》」であれば、カトリックにもプロテスタントにもユダヤ人にも理神論者にも無神論者にも君臨できる。

そのためにはパートナーが必要だ。カトリック復興にあたって聖母マリアと、その祝日を乗っ取る形で「聖ナポレオン」をパートナーに選んだように、ナポレオンがフランス帝国と帝国の偉大な首都パリを「神の都」「宇宙の首都」にするために選んだのは、パリの守護聖人である聖女ジュヌヴィエーヴだった。

フランス全体の第一守護聖人である聖母マリア《ノートルダム》大聖堂は、革命時に民衆から破壊や略奪を蒙った後、一七九三年一一月一〇日の「自由の祭典」と共に「理性の神殿」となり主祭壇は「理性の女神」の祭壇とされた。同月末にはパリのカトリックの典礼がすべて禁止された。けれどもこれらの「革命」行政の多くの立役者たちはその後の数年以内にギロチン台の露となって消え、ノートルダムも倉庫化していた。ナポレオンは、一八〇一年のコンコルダの後ですぐに中世以来そびえ立つこのパリのカテドラルを復権させ、翌年四月には典礼を復活、一八〇四年一二月、ローマ教皇立会いの下の皇帝戴冠式に間に合わせるように急いで修復した。壁を石灰で白くし、戦勝のシンボルとしてアウステルリッツの戦いで奪った数々の敵の軍旗を掛けた。皇帝の居城としたチュイルリー宮のチャペルのためにはフランス（女性名詞）を擬人化した女性が冠とミツバチ模様の皇帝のマントを身に着け、オーストリア軍から奪った旗を「栄光の聖母」に捧げる絵が描かれた。

一八〇六年二月一三日、皇帝ナポレオンはジャン＝バティスト・ロンドゥレとフランソワ＝レオナール・フォンテーヌ（ノートルダムの修復にも関わった）という二人の建築家を伴ってパリのカルチェ・ラタンにあるジュヌヴィエーヴの丘を訪れた。コリント様式の柱列を持つ新古典様式《ネオクラシック》でギリシア十字架型の聖ジュヌヴィエーヴ教会は、聖女ジュヌヴィエーヴの聖櫃《せいひつ》を納めるために、聖ジュヌヴィエーヴ修道院跡にすでに一七六四年から建設されたものだった。ところが一七七八年には早くも構造上の欠陥が露呈していた。にもかかわらずパリに住まず郊外のヴェルサイユで暮らす王たちは何の手も打っていなかった。

フランス革命後の一七九一年以来、「祖国の神殿」と改称されていたが、ナポレオンが視察した時には、翼廊を支える四本の巨大な柱は一万五千トンのドームの重みで至る所にひびが入り、まるで廃墟のような不気味な静けさをたたえていたという。ナポレオンはすぐに五〇万フラン（今の約一〇億円相当）の予算を投入して改修工事を命じた。これを革命のシンボルであるパンテオン（すべての神）の神殿とすれば、自分の治世のシンボルにできると考えたのだ。ラテン十字の形をしたゴシック建築のノートルダム大聖堂とは違って、ギリシア・ローマ建築を彷彿とさせるこの聖堂はナポレオンがその顔となる新しい「フランス」という神にふさわしい。一八〇六年から一八〇九年にかけて柱は取り替えられ、補強され、教会部分の内陣には大理石と無煙炭のタイルが敷き詰められた。次の二年間には柩を地下墓所に移動しやすくするために東の正面に帝国様式の二重階段がしつらえられた。

戦争の英雄を祀るにはアンヴァリッド（廃兵院）のドーム教会がある。パンテオンにはそれ以外のフランス革命の英雄を祀り、ナポレオンが始祖となる新しい「王朝」の聖所となるはずである。現在のパンテオンの正面には「偉大な者たちに祖国が感謝を込めて」と銘が刻まれ、その上のレリーフには、中央に立った「共和国（女性名詞）」の女神が右に自由と科学を守り、左に祖国の指導者を守っている。科学の側には科学者ラプラスや思想家のヴォルテール、ルソー、画家のダヴィッド、文学者のコルネイユらの姿が認められるが、祖国の歴史を担う側には、一七九四年創立のエコール・ポリテクニックの制服を身に着けた士官たちの他に見分けられるのはナポレオンただ一人だけである。

皇帝となったナポレオンは革命の精神と共和国の継承者としての正統性を保証するため、一八〇四年に九九・九三パーセントという圧倒的な多数によって皇帝就任の国民投票に是認され、「フランスの皇帝」ではなく「フランス人の皇帝」と称していた。革命の精神である「民主主義」に拠って立つ「フランス人によって選ばれた皇帝」は、「共和国」から庇護を受ける存在として啓蒙時代の偉人と同列でなくてはならない。そのことと自分の「聖性」をどう両立させるかについてナポレオンは気を配った。ジュヌヴィエーヴの丘を訪れた三ヵ月前の一八〇五年一二月二日、ナポレオン軍は、最も輝かしい勝利をおさめていた。オーストリア＝ロシア連合軍を破ってウィーンを占領したのだ。新しい年は、皇帝による「革命の成就」をフランスに向けて喧伝すべき年だった。一七九三年以来、ローマ教会のグレゴリウス暦は、聖人の祝日やカトリック教会の典礼暦を排するために廃止されて、「共和暦」が使われていた。一八〇六年の一月一日は、その共和暦をグレゴリウス暦に戻してナポレオンの「神」政のスタートを象徴する日となった。

パンテオンでもカトリックの典礼挙行が再び可能になったが、ナポレオンはドームの上の十字架を取り去った。自分の聖性を担保する「共和国の聖人」崇敬を続ける必要があったからだ。建築家たちとパンテオンを視察したわずか一週間後の二月二〇日、皇帝の勅令が交付された。「首都の最も美しい神殿である」パンテオンは、三つの使命のために修復される。まず、創設者（ルイ一五世）の意図通りパリの守護聖女に捧げられた教会として、次に、革命の期間に取り壊されたり閉鎖されたりした教会から回収された墓碑を納める博物館として、さらに、一七九一年に憲法制定議会によって与えられた用途、すなわち帝国、王国の高官、士官、上院議員、レジオン・ドヌール受章者らの墓所としての使命である。

　これによって「革命の終焉」がより明らかに示された。さらに勅令はナポレオン王朝の神格化の道を巧妙に用意する。パンテオンは「軍事、行政、文学の分野で祖国に対して大きな業績を上げた市民」の墓所ともなるであろう。遺体は防腐処置を施されて教会の地下墓所《クリプト》に埋葬される。

　パンテオンとは「汎神殿」という意味であるから、パンテオンに埋葬されたすべての偉大な市民は「神」になぞらえられる。その中でも「最も偉大な市民」が、軍神であり立法も行政も刷新させたナポレオンを想定していることは明らかである。実際今でも、パンテオンを訪れる観光客の多くがナポレオンの意志を感知するかのように、ナポレオンの墓を探すという。けれども、ナポレオンは最も偉大な神殿としたパンテオンにではなく、「軍人の墓所」であるアンヴァリッドに納められた。そのことは、その儀式がどんなに壮麗なものであっても、それがナポレオンを「神」ではなく「軍神」として矮小化する政治的処置であったことを物語る。

　この勅令が提示した三つの使命は、その後変更を加えられた。墓碑などの宗教遺物の博物館は一度も日の目を見ることがなかった。教会としての典礼も限定された。一月三日の聖女ジュヌヴィエーヴの祝日、聖ナポレオンの祝日で置き換えられた八月一五日の聖母被昇天の祝日、コンコルダ締結記念日（七月一五日）、死者の日（当時は万聖節の一一月一日）、ナポレオン戴冠記念日とアウステルリッツ戦勝記念日（一二月第一日曜）である。日本でいうと盆と正月のように民衆の生活に密着していた万聖節と聖母被昇天の日を「祖国のために命を捧げた者の追悼」と「聖ナポレオン（皇帝の誕生日）」の日として残した他には、キリスト教の根幹となるイエス・キリストの誕生と死と復活を記念するクリスマスや復活祭は再興されていない。神と人を結ぶ「神の子」キリストは、その地上の代理人であるローマ教皇と同様、戴冠後の皇帝にはもう必要がなかったからである。

こうして聖ジュヌヴィエーヴの丘の上に修復されたパンテオンに、ナポレオンは政治、科学、経済などの分野を問わず自分の体制下の新しいエリートを祀ることになった。誰が「新聖人」なのかを決定する者こそが「神」の代理人なのだ。

神々の肖像

パンテオンには、元老院議員を中心に、ナポレオン統治時代に死亡したほとんどの「知識人」が埋葬されている。造物主が配下の神々に領地を割り当てるように、ナポレオンは精力的に「神々」を選んだ。パンテオンの「殿堂入り」儀式は二一世紀にも続いているが、二〇一五年の時点で七六人祀られている「共和国の英雄」のうち、四二人がナポレオンによって「列聖」された人々だ。

最初に「パンテオンの神」として認定されたのは、一八〇六年三月一〇日に死亡したフランソワ・

ドゥニ・トロンシエで、三月末にパンテオン入りした。一八〇〇年以来民法作成評議会に携わってきた法官だ。翌年彼に続いたジャン＝エチエンヌ＝マリー・ポルタリスもコンコルダの作成と民法の作成に関わった弁護士である。フランス銀行創立者のジャン＝フレデリック・ペリゴーも加わった。ナポレオンは近代中央集権国家の台座となる御影石とは「公的機関」、「法」、「条令」の三つだと考え、一八〇八年にはそれらの設立に関わった功労者たちのうち生存している者には「帝国貴族」の伯爵号を授与した。その年にパンテオン入りを果たしたピエール＝ジャン＝ジョルジュ・カバニスは医師であるとともに哲学者で詩人であり、フランス革命時にミラボーの演説を作成し、一七九九年のナポレオンのクーデターをフランス国民に正当化する文書も作成した。最初に殿堂入りした芸術家としては、ナポレオンの戴冠の絵を描いた皇帝付き画家ダヴィッドの師であるジョセフ＝マリー・ヴィアン（一八〇九年没）がいる。ナポレオンの失脚前に存命していた功労者は「パンテオンの神」の一員として認定できなかったので、レジオン・ドヌール勲章を与えたり「伯爵号」を授与したりしたが、彼らの「師」にあたる者を神の列に加えることで間接的に自分の権威に光をあてたというわけだ。

実際、パンテオンに次々と「功労者」を祀るという発想は、それまでローマ教皇とカトリック教会が全権を持っていた「聖人認定」の列聖システムを踏襲し置換したものだった。当然、「本家」であるカトリック教会の聖職者を祀るのは躊躇されるが、一八一〇年に、イタリア人枢機卿ジョヴァンニ・バティスタ・カプラーラが選ばれた。カプラーラは教皇大使として一八〇一年のフランスでコンコルダ締結に寄与し、翌年にはフランスにおけるカトリック典礼復活の儀式をノートルダム大聖堂で司式し、一八〇四年には外国人で最初のレジオン・ドヌール勲章受賞者となった。その翌年はミラノ大司教としてナポレオンをイタリア王として戴冠式を司式し、イタリアの元老院議員に任命されている。パンテオン入りは帝国の聖人としてふさわしい。イタリア遠征の頃からナポレオンの指揮下で戦った者やアウステルリッツの殊勲者の軍人もいた。

変わり種としては、革命前の一七六六年にブレスト港を出発して三年かけてフリゲート艦で世界一周した海軍士官ルイ＝アントワーヌ・ブーゲンヴィルがいる。これはフランスが公式に組織した最初の学術調査旅行であり歴史学者、地理学者、動物学者、植物学者などを同行していた。この時にブラジルで「発見」した未知の植物は「ブーゲンヴィリア」と命名され、その花が後にナポレオンの最初の妻ジョセフィーヌに献呈されたことで知られている。大航海時代以来の「新世界」の探索は、宗教的、経済的、政治的な動機だけではなく、純粋に「科学的」な好奇心にも確実に支えられていた。ナポレオンのエジプト遠征に始まる「帝国主義」には、その伝統の踏襲という面が確実にある。後にいわゆる列強の「帝国主義」と呼ばれるものは、啓蒙の世紀の科学的好奇心が生んだ「普遍主義」の鬼子とでも言うべきものだったのだ。

ブーゲンヴィルはアメリカの独立戦争にも参加して海軍を率いたし、フランス革命の激動期も生き延びた。世界一周の旅行記、北アメリカの先住民の歴史、古代近代の高緯度圏航行史、数学理論の著作なども残している。ナポレオンの目指した普遍主義の使徒としてふさわしいブーゲンヴィルは、一七九九年に元老院議員となり、一八〇四年にレジオン・ドヌール大士官勲章を受け、一八〇八年には帝国伯爵号を授与された。

しかしカトリックの伝統のある国では、聖人や神々の一人となる前にまずこの世の生を全うしなく

パンテオンと天井画下絵

てはならない。八一歳まで生きた後で一八一一年にパリで死んだブーゲンヴィルは、その心臓をモンマルトルのカルヴェール墓地に葬られ、遺体はめでたくパンテオンの地下墓所《クリプト》に納められた。

ブーゲンヴィルの他に一九人の軍人がナポレオンによってパンテオンに入った。その中にはイタリア遠征の時からナポレオンと共に戦ったジャン・ランヌもいる。馬丁の息子という出自でありながら「イタリア軍のローラン」（『ローランの歌』で有名な、味方を退却させるために残って戦死した伝説的な勇者）と謳われる名将であり、一八〇九年にエスリングのオーストリア戦で負傷して一〇日間苦しんで死んだ。彼の柩はまず廃兵院《アンヴァリッド》に安置されて遺体が公開され、モーツアルトのレクイエムに送られてパンテオンに移送された。彼の墓所は三色旗や戦旗を柩の後ろに配した特別なブースになっている。イエスという「子なる神」を「父なる神」が「被造物である人間」のために捧げたように、ナポレオンもジャン・ランヌという「犠牲の子羊」を帝国の民のために捧げることで「帝国の父なる神」という立場を強調したのだ。

ドームの天井絵

ナポレオンが目指したのは、旧体制下の世襲の貴族や軍人の地位の　継承ではなく論功行賞としての貴族化、聖人（パンテオンの神々の一人）化システムを構築することであった。ある意味では初期のキリスト教が標榜していた神の前の平等をなぞっている。出自にかかわらず、ナポレオンのために、ナポレオンがイメージする帝国のために、ナポレオンの権威を担保するために有用な働きをした者たちをナポレオン自身の手によって「パンテオン（汎神殿）」に祀るということは、「ナポレオンの前の平等」の実現と称揚である。それは、人々に「聖人」という模範を与え、天国に迎え入れる決定権を持つ「最高神」に自分をなぞらえることにほかならない。

神々を祀るパンテオンをいただくパリは、宇宙の首都であり、かつて存在したことのないような最も美しい町でなくてはならない。公共の建物の建築、街灯と下水の整備など、大規模な工事は一八一五年まで続いた。パンテオンの周囲も整理された。一八〇七年六月、パンテオンに隣接するクローヴィスの時代からの旧聖ジュヌヴィエーヴ教会は取り壊された。東西南北の四方からパンテオンへのアクセスを可能にするためであり、聖女ジュヌヴィエーヴの遺骨は、聖エティエンヌ・ドュ・モン（丘の聖ステファノ）教会に移された。一七九二年に記された「フランス汎神殿─自由の第四年」という銘が削られ「偉大な者たちに祖国が感謝を込めて」の銘の上にナポレオンの姿が認められる群像が配された。「神々の認定」が真に始まったのは一七九二年ではなく、ナポレオンの治世であることを明示するためである。

ナポレオン自身は、彼自身がその加入を認定する神々の上に立つのでパンテオン入りを想定していなかった。ナポレオンの望みは代々のフランス王が眠るサン・ドニ大聖堂に埋葬されることだったと言われる。フランス王たちは王権神授説によって、聖油を注がれた「主」であった。サン・ドニの彼らのもとに加わることで「フランス王としてのナポレオン」の聖性は完成するはずだった。とはいえ、パンテオンには「神々」の王たるナポレオンの生きた姿がなくてはならない。パンテオンの神々たちを任命したのは皇帝である。「王権神授」ではなく「神権」が皇帝によって授けられるという逆説が成り立つのだ。

一八一一年五月、画家のアントワーヌ・ジャン・グロが、ドームの天井に聖女ジュヌヴィエーヴの栄光をテーマにしたフレスコ画の作成に取りかかった。パリの守護聖女ジュヌヴィエーヴを囲むようにフランス史と栄光に寄与した四組の主君が配されるはずだった。フランク王国を統一したメロヴィング王朝の祖クローヴィスと王妃クロチルド、神聖ローマ帝国の皇帝となったカロリング朝を代表するシャルルマーニュと王妃（複数いるので一人の姿で代表）、カペー朝を代表する聖王ルイ九世と王妃マルグリット、そして皇帝ナポレオンと皇妃マリー・ルイーズと皇妃に支えられるようにして二人の間に立つ生まれたばかりの「ローマ王」である。この配置によって、ナポレオンは自らが歴代のフランス王の正統な後継者であること、「ローマ王」がその新しい「王朝」の継承者となることを宣言することができる。

一八一四年にナポレオンがエルベ島に流された時、完成していたのはクローヴィスとシャルルマーニュだけで聖ルイは未完成だった。その後、ルイ一八世の王政復古、ナポレオンの百日天下、セント・ヘレナ島への追放という政変がある度に、グロは四組目の人物を変えなくてはならなかった。最後はルイ一八世と妻のアングレーム公女、後継ぎとなる予定のボルドー公を描くように指示された。

ナポレオンと妻子がひときわ目立つ原案図は、パリのカルナヴァレ美術館に今でも残っている。

その後も、パンテオンの意匠の細部が、政権が交代する度に手を加えられた。王党派、共和派、フリーメイスンらのシンボルがあちらこちらに挿入されたり削除されたりした。けれどもナポレオンらによって「祀られた」最初の四二人の「神々」の墓は誰からも手を触れられることがなかった。「子なる神々」をフランスに捧げた「父なる神」ナポレオンが「天国」ならぬ世界の果ての孤島で死に、その息子も早逝した後では、新しい支配者の脅威とはならなかったからである。それでも、パンテオンがさまざまに姿を変えて今も新しい神を迎え続けることで「政治のツール」として古びてはいないという事実は、ナポレオンが付与した聖性が今もこの建物に脈打っていることを雄弁に語っている。

バスティーユ広場

パリをパンテオンにふさわしい首都にするために忘れてはならないのが、皇帝の栄光を直接顕現させる記念建築の造成だった。凱旋門、カルーセルのアーチ、ヴァンドーム広場の円柱などだ。フランス革命の発生地となったバスティーユもシンボルとして重要だった。もともとバスティーユ監獄は要塞建築の傑作だったが、老朽化していて旧体制の政府も取り壊しを考えていた。一七八九年から二年の間、毎日一千人がその解体作業に従事して、一つずつ取り崩された石は売られた。コンコルドの橋の建設のような新しいパリの都市計画に転用される石も、記念として保存される石もあった。二年後にようやくすべてが撤去された後は、その頃まだパリに留まって革命精神を支持していた形のルイ一六世の彫像を戴く円柱、オベリスク、王を祝福する広場などいろいろな案が出され、バスティーユ襲撃三周年に当たる一七九二年七月一四日、巨大円柱の礎石が置かれ、その中に革命憲法が納められた。

しかし一ヵ月も経たない八月一〇日、過激派がチュイルリー宮殿を襲撃し、王は幽閉され、王権が停止された。立憲君主制の試みは潰えて、共和国が誕生し、最初の憲法は無効となった。恐怖政治が始まり、王は翌年一月に処刑され、その年の八月一〇日には前年の蜂起を記念する祭典が執り行われて漆喰製のエジプトの女神像の胸から水が噴き出る泉がバスティーユ広場に仮設置されたが、その後まもなく取り除かれた。

それ以来放置されていたバスティーユ広場を、「自らにふさわしいパリ」の都市計画の一環として組み入れたのが他ならぬナポレオンだった。最初は革命が勃発した場所であるこの広場こそ凱旋門の設置にふさわしいと企画されたが、一八〇六年には、整備されたサン・マルタン運河からの水を引いて人々に供する噴水という方向に変更された。ナポレオンのエジプト遠征の思い出や高まりつつあったオリエンタル趣味を受け、ブロンズ製の巨大な象の形の噴水が構想された。

ベースとなる泉が、皇帝の戴冠式四周年記念となる一八〇八年の一二月二日のサン・マルタン運河開通と共にまず設置された。スペインに遠征中であったナポレオンはその式典に参加しなかったが、大臣に指示して、スペインの反乱軍から奪取した大砲を溶かした合金のブロンズで一八一一年一二月二日までに背中に輿状の塔を頂く「象」型の噴水を造る条例を出させている。

「象」という動物が選ばれたのはナポレオンによる他の建造物と同じく、「フランス王」と「ローマ皇帝」のイメージを重ね合わせた上でのナポレオン神格化の効果を狙ったものだった。象は、紀元前四世紀にマケドニアから小アジア半島やエジプトを征服したアレクサンドロス大王によってヨーロッパで知られるようになったと言われている。紀元前三世紀に、北アフリカのカルタゴからガリアを経由してローマを攻めて、ローマ最大の敵となった歴史的勇将ハンニバルのイメージとも重なる。最大最強の動物は「力」のシンボルでもあり、ナポレオンの戦功を喚起するのにふさわしい。

フランス王もまた象を力と聡明さと王権の永続のシンボルとしており、フォンテーヌブローのフランソワ一世ギャラリーの梁間には今も見られる象の姿がフレスコ画に残っている。フランス革命の後では「民衆の力」のシンボルとして採用され、ヴィクトワール広場のオベリスクの土台や凱旋門の意匠にも取り入れられた。

ナポレオンに直接霊感を与えたのは、彼が目にしたに違いないローマのパンテオンに近いミネルヴァ広場のオベリスクだろう。ミネルヴァ広場のオベリスクは、紀元前六世紀のエジプトのファラオが造らせたものを、一世紀のローマ皇帝カリギュラがローマのイシス神殿に設置するために移送したものだった。それを一六六七年にローマ教皇のアレクサンデル七世が、「象」型の台座に乗せたのだ。その「象」は、バロック彫刻の名手ベルニーニの手による大理石のものであった。「象」は神の智慧を寓意するもので、プロテスタントの離反後に起こったカトリックの自発的な改革の意志を表すものでもあったのだろう。エジプトの王、ローマ皇帝、ローマ教皇という三者の権威を併せ持つこのミネルヴァ広場のローマの象を、より巨大にしてパリのバスティーユ広場の真ん中に配することは「神」をめざすナポレオンの野心に合致する。

最終的な設計図は一八一二年に建築家ジャン・アントワーヌ・アラヴォワーヌに託され、完成図が今もカルナヴァレ美術館に残っている。象は古代の戦闘をイメージさせる意匠で、長さ一六メートル、高さが一五メートル、台座を加えると二四メートルとなり、内部のらせん階段を上って展望台に出ることができる構造だった。

けれどもナポレオンの没落によって造成は頓挫し、放置され、一八三〇年の七月革命（「栄光の三日間」と呼ばれるパリ市街戦によって王政復古が終わった）の後、象が乗せられるはずだった台座の上に、現在も残る五〇メートルを超える「七月記念柱」が立てられた。七月革命の十周年に完成した円柱には七月革命の犠牲者の名、さらに一八四八年二月革命の犠牲者の名が刻まれ、地下は墓所となり、柱頭には、鎖を引きちぎり文明の松明を掲げる「自由の精霊」が翼を広げている。

ところが実は、ナポレオンが失脚した一八一四年の時点で、広場の南側には木組みと漆喰でできた象の実物大の模型《マケット》がすでに設置されていた。緑に着色された一五メートルの巨大な象は一八四六年に取り壊されるまで、まるで遺跡のように放置された。漆喰は真っ黒に煤けてひび割れで覆われ、木組みがあちこちに露出していた。一八四二年にパリに滞在したドイツ詩人ハインリッヒ・ハイネは、この巨大な象がドブネズミの巣窟となって崩壊しかけている光景を、当時すでに人々の批判と揶揄の対象になっていた「フランス人の王」ルイ＝フィリップに喩えた手紙を残している。

一八四六年七月についに象が撤去された。フランス革命後にバスティーユ監獄が解体された時には切り崩された石が売られたが、腐った木と漆喰の象は廃品でしかなかった。それでも、当時貴族院議員であった文学者ヴィクトル・ユゴーは木組みの破片を記念に持ち帰った。一八六二年に亡命先のベルギーから出版された『レ・ミゼラブル』は、この「象」の姿をフランス文学史上に残している。ユゴーはこの「象」の中に、超人ナポレオンと憐れみの神を対峙させた。

「象」は「エジプト遠征軍の将軍（ナポレオン）の思想の一つ」であり、模型《マケット》といえどもモニュメントである。「ナポレオンの一つのアイディアの驚異の素描、壮大な屍であるこの模型そのものが、風が吹き起こる度に遠くに飛ばされては、その仮の姿と対照をなす何か歴史的で最終的なものへと変貌していた」とユゴーは書き、ナポレオンと神の関係性がどのような地点へ収束していったのかを見事に

バスティーユの「象」

語っている。

それは民衆の力の一種のシンボルだった。暗くて、謎めいていて、巨大だった。バスティーユの目に見えない幽霊のそばに立っている目に見える強い亡霊だった。

よそ者が訪れることはほとんどなく、通りすがりの者は目もくれなかった。廃墟となり、季節が変わるごとに脇から剝がれていく漆喰が醜い傷を残していた。（…）それは酔っぱらった御者に絶えず汚されて腐った柵に囲まれた片隅で、陰鬱に、病んで、崩れかけていた。腹には亀裂が走り、尻尾からは割板がはみ出し、脚の間には草がぼうぼうと生えていた。（…）（象は）不潔で、蔑まれ、嫌悪を掻き立て、しかし堂々としていて、ブルジョワたちの眼には醜く、思索家の眼にはメランコリックに映った。（…）掃き出されるゴミのような何かとともに、打ち首になる王のような何かを持っていた。（…）陽が落ちるとすぐに年老いた象は変貌した。

だが恐ろしい姿が現われた。過去に属する象は夜に属していた。闇の持つ怖いほどの静けさの中で穏やかだった。その暗さがその偉大さに似合っていた。（…）

おお、無用の思いがけない効用！　偉大なものの慈しみ、巨人たちの善意！　皇帝の考えを体現していた途方もないこのモニュメントが一人の子供の容れ物となっていた。子供は巨像に受け入れられ保護されていた。日曜の盛装をしたブルジョワたちはバスティーユの象の前を通る度に蔑みの眼をじろりと向けて「あれは何の役に立つのだね？」というのが常だった。

それは、役に立っていた。父も母もなく、パンもなく、服もなく、避難所もないひとりの小さな子供を、寒さから、霜から、表から、雨から守り、冬の風を防ぎ、泥の中で眠れば熱を出し雪の中で眠れば凍え死ぬ子供を守っていた。社会からはじき出された無垢な存在を迎え入れる役に立っていた。公共の過ちを逓減する役に立っていた。すべての扉が、閉ざされた者に開かれた一つの巣穴だった。惨めな古びたマストドンは、虫けらと忘却に侵襲され、疣《いぼ》とカビと潰瘍に覆われ、ぐらつき、蝕まれ、放置され、見捨てられ、道行く人の慈悲にすがって何ももらえない巨大な物乞いのようだったが、そのマストドンは、別の物乞い、足には靴がなく頭の上には屋根もなく、指に息を吹きかけ、ぼろをまとい人の捨てたものを食べてさまよう小さな貧しい物乞いにあわれみを覚えた。

バスティーユの象はこうして役に立っていた。

ナポレオンのアイディアは、人びとに蔑まれたが、神によって拾われた。高名でしかなかったものが厳かなものとなった。皇帝が自分の構想していたものを実現するためには斑岩、青銅、鉄、金、大理石が必要だったが、神には、板と梁と漆喰の古い組み合わせで十分だった。皇帝は、天才の夢を抱いた。この巨大な象、武装した並外れた象が鼻を持ち上げ、塔を背に乗せ、周りの至る所から陽気で生き生きとした水をほとばしらせる姿に民衆を投影しようとしたのだ。神はこの象によってさらに偉大な一つのことを成し遂げた、そこに一人の子供を、住まわせたのだ。

ナポレオンの構想をこうして神の業へと転換して文学史に刻んだユゴーは、第二帝政においてナポレオン三世を批判して亡命生活を余儀なくされた。一八七〇年、ナポレオン三世の没落と共にフランスに戻り、一八八五年にパリで死に、バスティーユの朽ちた象の中ならぬ、ナポレオンが打ち立てた

「神殿」であるパンテオンに、文豪として葬られた。

ヴァンドーム広場の記念柱

バスティーユ広場と同じく、ナポレオンが自分の聖性と偉大さのシンボルにしようとした場所は、コンコルド広場とヴァンドーム広場である。

コンコルド広場は、ルイ一五世の時代に「ルイ一五世広場」と称されてルイ一五世像が立てられていた。革命時に像が破壊されて「革命広場」と名を変え、ギロチン台が設置された。一九九三年にルイ一六世や王妃マリー＝アントワネットがギロチン台で処刑された後で、石膏の自由の女神像が一時置かれて、一七九五年にコンコルド広場と再び改称された。一八〇〇年、この広場には「国家の円柱」が立てられることがナポレオンによって決められた。

けれども、その後の帝政、王政復古など目まぐるしい政変を経て計画が頓挫したまま、一八三三年には七月王政のルイ・フィリップが、政治的な含意のないエジプトのオベリスクを立てることを決定した。ナポレオンが「国家の円柱」を立てるはずだったコンコルド広場には、エジプトのルクソール神殿前にあった二本のオベリスクのうちの一本が一八三六年に立てられて以来、今も堂々とそびえたっている。一八三一年にエジプトの副王であったメヘメト・アリにより、シャルル一〇世に贈呈されたものだった。メヘメト・アリはナポレオンと同年の一七六九年にオスマン帝国下で生まれたアルバニア人で、ナポレオンが去った後のエジプトを巧みに治めていた。（ルイ＝フィリップが使わなかった二本目のオベリスクは、二〇世紀終わりにミッテラン大統領によってエジプトに返還されている。）

一方のヴァンドーム広場には、フランス各県の「革命勇者」を記念する円柱が立てられることが一八〇〇年に決められた。

一八〇三年の一〇月一日、ヴァンドーム広場の記念円柱に関する総督令が出た。それはローマのトラヤヌス帝記念の塔に倣った形であり、柱身はブロンズ製で共和国の一〇八の県を表現する群像によって螺旋状に装飾される。台座に立てられた円柱の柱頭は半球形でその上にシャルルマーニュ大帝（カール大帝）の立像が置かれるというものだ。

そのシャルルマーニュ像というのは、一七九四年六月のフリュルスの戦いでフランス軍がイギリスや神聖ローマ帝国、ハノーヴァー選挙侯国らによる対仏大同盟軍に勝利した時に、アーヘン（八〇〇年にローマ教皇からローマ皇帝としてローマで戴冠されたシャルルマーニュのフランク王国の拠点であり埋葬された地である。フランス語ではエクス・アン・シャペル）から持ち帰られたものだった。シャルルマーニュはローマ教皇レオ三世によって、「神により加冠された至尊なる尊厳者《アウグストゥス》、偉大にして平和的な、ローマ帝国を統治する皇帝」とされ、ヨーロッパをカトリックのもとに統合した最初の人物だ。その後「神聖ローマ帝国」の称号は、ドイツの領邦国の間で交代で受け継がれていた（ナポレオンの勝利により一八〇六年に消滅）。アーヘンのシャルルマーニュ像をパリの真ん中に据えることは、ヨーロッパの首都、ローマ帝国の再現の首都がパリであると示すためにふさわしいと思われた。

ところが、一八〇四年五月、ナポレオンの皇帝就任の半年前、芸術院が、柱頭に飾られるのはカロリング朝の皇帝よりもフランス人民の皇帝であるナポレオンの像の方が適していると言い出した。ナポレオンはその考えをすぐに受け入れたわけではなかったけれど、一八〇六年一月に、円柱をナポレオンの像を頂く「大陸軍記念柱《だいりくぐんきねんちゅう》」とすることに決定した。ラテン語で「尊厳ある皇帝ナポレオンは大陸軍の栄光に、一八〇五年に三ヵ月で破ったドイツ戦の敵から奪った青銅によってできたこの記念柱を捧げる」と銘が入れられ、ナポレオンに率いられた大陸軍が出陣してからパリに凱旋するまでの様子が螺旋状に彫られることになった。ナポレオンは柱頭に置かれる自分の像が「将軍」の姿であることを望んだが、ローマのトラヤヌス帝の記念柱に倣ってローマ皇帝の姿で表されることになった。古代ローマの上衣《トーガ》をまとい、頭には月桂冠、右手に剣、左手に翼の生えた自由の女神を乗せた地球を持つ姿である。

ナポレオンの栄光にふさわしい記念柱だったが、皮肉なことに、一八一〇年八月一五日の「聖ナポレオン」の祝日で皇帝の誕生日に合わせて挙行された完成式に、皇帝は出席しなかった。その数ヵ月前、四月一日にハプスブルク家のオーストリア皇帝フランツ二世の長女であるマリア＝ルイーズを皇妃として迎えていたことによる外交的配慮である。当時まだ二〇歳前だったマリア＝ルイーズとナポレオンとの結婚は、戦争の停止と嫡子誕生を望んだナポレオンによるきわめて政治的なものだった。ナポレオンは、マリア＝ルイーズの生まれ育ったウィーンのシェーンブルン宮殿を一八〇五年と一八〇九年の二度にわたって占拠している。オーストリア軍を敗退させ、神聖ローマ帝国を終焉させて名実ともに最強の皇帝となりトラヤヌス帝の姿に自らを投影したナポレオンは、もう一人の皇帝と姻戚関係を結ぶことで名実ともに「王朝」を創設できるのだ。その「実《じつ》」をとるためには、アウステルリッツの戦いの勝利を強調し、奪った大砲を溶かして造った記念柱を大々的に喧伝するというプロパガンダを自制する必要があった。皇妃マリア＝ルイーズは実際にナポレオンの期待通り、翌年一八一一年に男子（ローマ王、ナポレオン二世）を出産した。

一方で、古代ローマの上衣《トーガ》を身に着けて地球を手にしたこのナポレオン像には、その出発点からすでにその後の波乱を予感させるような影が射していたわけである。

それからわずか四年も経たない一八一四年の三月三一日、対仏同盟軍はパリへ入城した。四月八日、同盟軍により最初になされたことの一つが、ヴァンドーム広場のナポレオン像の撤去命令だった。引き降ろされた皇帝像は溶かされて、王政復古時代の一八一八年八月になって、ポン・ヌフ広場に今も立つアンリ四世の騎馬像へと造り替えられた。一七世紀に造られたアンリ四世の騎馬像はフランス革命で破壊されていた。その子孫にあたるルイ一八世が復元した形になる。鎧に身を固めたアンリ四世は、ナポレオン像と同じく月桂冠を戴いている。

一八二四年にルイ一八世が没すると、より復古的なシャルル一〇世が王位につき、一八三〇年に七月革命が勃発した。ブルボン家が再び倒されて人々はオルレアン公のルイ＝フィリップを「人民の王」として迎えた。王政復古の間は表に立たなかったナポレオン派（ボナパルティスト）も台頭したので、ルイ＝フィリップは彼らにおもねる必要もでてきた。一八三一年四月八日、ルイ＝フィリップはヴァンドーム広場の円柱の上にもう一度ナポレオン像を乗せることを決定した。五月五日、円柱の周りに花束が置かれ、セント・ヘレナ島に埋葬されているナポレオンの遺骸をフランスに迎えてその円柱の下に葬るための署名運動が開始された（遺体の移送は一八四〇年に実現したが、ヴァンドームでもパンテオンでもなくアンヴァリッドに埋葬された）。新しいナポレオン像のデザイン公募で選ばれたのは、シャルル＝エミール・スールによるもので、ナポレオンはベルトラン将軍に下賜した服をまとった姿だった。

なじみのある大佐の服に帽子、左手はレジオン・ドヌール勲章に飾られた胸のチョッキの中に差し込まれている。三メートル七四センチの姿はベルトランが提供した実物の衣服などに基づいたリアルなものだ。

一八三三年七月二〇に設置され、七月王政の「栄光の三日間」の記念行事の後で記念式典が挙行された。その後、ルイ・ナポレオンによる第三帝政の時代（一八五二―七〇）には、クリミア戦争からの凱旋や、イタリア北部でのオーストリア軍との戦いからの凱旋の度に、ヴァンドーム広場の円柱の上に立つナポレオンは栄光ある軍の行進を眺めることができた。この像は、一八六三年一一月三日、円柱から降ろされて、エトワール広場の凱旋門の外側のクルブボワ広場からパリを眺める向きに設置しなおされた。ナポレオン像はナポレオン三世軍の守護神のようなシンボルとなっていたが、一八七一年に船で戦場に運ばれたときにセーヌ川に落ちて頭の部分が胴体から外れてしまった。一九一一年三月一一日、修復されて、ナポレオンの柩のあるアンヴァリッドの中庭に移されようやく安住の地を得た。アンヴァリッドのナポレオン像はもはや凱旋軍のパレードを閲兵する皇帝ではなく、戦勝祈願に使われる神像でもなく、無数の傷病兵、無数の戦死者のそばに無言でいつまでも寄り添っている。

ヴァンドーム広場の円柱には一八六三年に、ナポレオン時代の初代の像（古代ローマの衣装をまとって月桂冠を戴いたもの）が復刻されて乗せられた。初代の像と違うのは、剣を持つのが左手、勝利の女神を乗せた地球を持つのが右手に移ったことだ。しかしこの像の運命も安泰とは程遠かった。ナポレオン三世が普仏戦争に敗北し第二帝政が終了した後、一八七〇年九月四日、王党派の支持を得るティエールによる共和国宣言がなされた一〇日後に、反教権主義者で無政府主義《アナルシスム》に近い画家のギュスターヴ・クールベが、国防政府に向けてヴァンドーム広場の円柱を撤去してアンヴァリッドに移すという署名を集めていた。

ところが、王党派に対して労働者革命を標榜したパリ・コミューンが、翌年三月にパリを制圧した。クールベはパリ・コミューン政府の議員となり、パリ・コミューンは過激な調子で円柱の撤去を決定した。「ヴァンドーム広場の皇帝の円柱は蛮行の記念物であり、野蛮な力と偽りの栄光のシンボル、軍国主義の肯定、国際法の否定、征服者による被征服者の永久の侮辱、フランス共和国の三大原則のひとつである兄弟愛に対する永遠の攻撃である。パリ・コミューンは、ヴァンドーム広場の円柱の取り壊しを命じる」というものだった。

取り壊しは、ナポレオンの命日である五月五日に予定されたが、ヴェルサイユ政府軍との戦局によって何度か延期され、一六日にようやく倒された。パリ市民は歓呼の声を上げ、柱を覆う四二五のブロンズ盤は回収された。ところが、そのわずか五日後の二一日からヴェルサイユ政府軍がパリに攻め

ヴァンドーム広場の記念柱

入って「血の一週間」の後に、コミューンは制圧された。八月にティエールによる第三共和政が始まった。二年後の五月、新しく王党派の支持を得たマク・マオン将軍が大統領になって最初に決めたことの一つが、ヴァンドーム広場の円柱の再建であった。マク・マオンは、早くから円柱撤去運動の先頭に立っていたクールベにその罪を負わせて、その再建費用を負担するように命じた。三三年にわたって一万フランを支払うよう命じられたクールベはスイスに亡命し、最初の支払い命令が届く直前の一八七七年の末に肝臓病で死亡した。

ヴァンドーム広場の円柱の再建は一八七五年に完成し、ローマ皇帝スタイルのナポレオンはもう一度その頂に据えられた。

その後円柱は公害によって黒ずんでいたが、二〇一四年、ヴァンドーム広場に面する高級ホテルであるリッツのメセナによって全面的な洗浄と内部にある一八五段の階段の補修が開始され、一年後には、ブロンズの輝きを取り戻した。四〇メートルを超す円柱の上のドームには今もローマ皇帝の姿をして地球を右手に持つナポレオンが立ち、高級ホテルや宝石店を訪れる人々をはるかに見下ろしている。

凱旋門

一八〇五年、アウステルリッツの戦いの大勝利の後、ナポレオンは古代ローマの慣習から影響されて、「諸君は凱旋門をくぐって故郷に戻るであろう」と兵士たちに言ったと伝えられる。一八〇六年の二月一八日、チュイルリー宮殿の中央パビリオンの向かいとエトワール広場の二つの場所に、凱旋門を建造する条例が発せられた。

凱旋門の起源は、古代ローマで、外征軍が町に戻ってくるときにくぐらなければならない魔除けの一種で、戦争による「不浄」を清めるものであったと言い、もとは木造で儀式が終われば取り壊していた仮設のものだったのが、次第に勝利を記念する記念建造物になった。

チュイルリーの凱旋門は、ローマ皇帝ルキウス・セプティミウス・セウェルスの凱旋門から着想を得たものだ。セプティミウス・セウェルスは二世紀末に東方に外征し、ローマ帝国領をティグリス河にまで拡張した。自らの出身地である属州のレプティス・マグナ（現在のリビア）からも外征して領土を砂漠地帯にまで広げている。

二〇三年にローマに建造された「セプティミウス・セウェルスの凱旋門」と呼ばれる白大理石の凱旋門は三つのアーチを持ち、頂上には四頭立て戦車《カルーセル》に乗った皇帝と二人の息子が描かれている。積極的な外征によって帝国の版図を拡大した皇帝、しかも、息子を二人も伴った皇帝の姿はナポレオンの理想と一致していた。

一八〇九年に完成した紅大理石でできたカルーセルの凱旋門には大陸軍の戦功の様子がびっしり彫られ、上には一七九八年にイタリア遠征から持ち帰ったブロンズ製の四頭の馬が乗せられ、それに合わせて配された戦車の脇には翼の生えた金色の勝利の女神（精霊）と平和の女神（精霊）が立っている。ヴェニスのサン・マルコ大聖堂の正面扉の上から外されて運ばれた四頭の馬は、もとは紀元前三世紀のギリシア彫刻で、コンスタンティノープルにあったものが一二〇四年に侵入した十字軍によってヴェニスに持ち帰られたものだった。ナポレオンの戦利品としてフランスに来てからは、一八〇二年以来チュイルリー宮殿の鉄柵に配された柱の上に乗せられていたものを、凱旋門の上に乗せることになったのだ。戦車の中には当然ナポレオンの像が乗せられると思われたが、意外なことに皇帝は、「自分がそれをすべきではない。（後世の）他の人が（私の）像を造ればいいのだ」と言ってそれを断ったという。

彼の脳裡にはセプティミウス・セウェルス皇帝と二人の息子を乗せたローマの凱旋門の戦車があったので、将来、まだ見ぬ息子と共に戦車に乗せられる栄光を夢見ていたのかもしれない。

結局、四頭立ての戦車には誰も乗せられないままだった。

それでも、ナポレオン軍が凱旋門をくぐったときは、歓喜に満ちた民衆が集まり、大陸軍の兵士たちに魔術的な効果をもたらした。一八四二年、小説家のオノレ・ド・バルザックは凱旋門が兵士たちが皇帝に捧げる忠誠のシンボルとなっていることを描写した。「しかし、すべての心は、皇帝に最も敵対するものであれ、祖国の栄光のための熱烈な祈りを天に捧げた。ヨーロッパとフランスとの間に始まった戦いに疲れ果てた男たちは皆、凱旋門の下をくぐる時、危機の日にはナポレオンこそがフランスなのだと思い知って、憎しみを置き去るのだった。」（『三十歳の女』一八四二）

一八一五年、ワーテルローの戦いでの決定的な敗北の後、フランスはブロンズの四頭の馬をオーストリアに返却し、オーストリア帝国に併合されたばかりのヴェニスに戻された。馬車と女神像は撤去され破壊された。その後、一八二七年、シャルル一〇世の時代になってからは、四頭立ての戦車の復刻がブロンズで造られた。戦車の上に女神が乗せられたのはその時がはじめてである。

アーチにはナポレオンの大陸軍の戦功がこと細かに刻まれて、ヨーロッパの他の国を「侵略」したのではなく「解放」したと書かれている。フランス革命の理念に基づいて、封建王政を倒したナポレオンは「解放者」でなくてはならなかった。王政復古のシャルル一〇世は、フランスの栄光を示す戦功の浮き彫りと銘板は残したものの、頂きの戦車にナポレオンを乗せることはなかった。ナポレオンの亡霊がそこに宿ることを避けるためかのように、両脇で金色に輝く女神よりも地味な女性の立像が乗せられて左手にトーチを掲げている。その姿はバスティーユ広場の記念柱の上に置かれた自由の精霊（女神）を彷彿とさせ、凱旋門に記された「解放戦争」を目指したナポレオンの気配を今も漂わせている。

エトワールの凱旋門のほうは、当時まだ林の中の道に過ぎなかったシャンゼリゼを拡張して、コンコルド広場から結んでパリを西に拡大する大通りを造る都市計画の一環だった。一八〇六年にナポレオンによって建設が開始されたが、完成したのは三〇年後だった。一八一四年にプロシア＝オーストリア＝ロシアの連合軍がパリに入城してすぐにその建設が中止され、取り壊しも検討された。しかし王政復古のルイ一八世は、ただちに完成させるようにと一八二三年に通達を出した。王政復古とはいえ、フランス革命の理念とナポレオンによる近代化を無視することができないことに加えて、他のヨーロッパ諸国とのパワーゲームの中で「近代国家としてのフランスの栄光」のルーツを称揚するのは大切だったのだろう。次のシャルル一〇世がチュイルリーの凱旋門の四頭馬車《カルーセル》を再建したのは前述した通りだが、シャンゼリゼの凱旋門の造成は続けられ、一八三〇年の七月革命の後のルイ＝フィリップにも受け継がれた。ルイ＝フィリップは凱旋門を飾る記念の碑銘を拡大し、帝国やフランス革命も称揚した。そうすることで、「偉大なフランス」が継続していることを強調したわけだ。現在見られる巨大な高浮彫の装飾が施されたのは一八三三年から一八三六年にかけてのことであった。

シャンゼリゼから向かって右の脚部には「ラ・マルセイエーズ」と呼ばれる一七九二年の革命軍が描かれる。翼のある武装した女神が勇ましく剣をとり、敵の侵入を防ごうとする、フランス軍を鼓舞している。兵士たちは革命軍、ナポレオン軍、王党派、老若の姿を組み合わせた姿で描かれる。

左の脚部には、ローマの皇帝風の衣装を着けて立つナポレオンに勝利の月桂冠を被せようとしている女神と、反対側に座って勝利を記録している「歴史（女性名詞）」を寓意している女性、頭上で勝利の喇叭《らっぱ》を吹きならす有翼の女神などから構成された「一八一〇年の勝利」と名づけられた高浮彫が完成した。ナポレオンが望んだように、「後世の人々の意思」によってナポレオンが「神」になった瞬間だった。

一八三六年に完成したこの凱旋門を最初にくぐったのは、一八四〇年にセント・ヘレナ島から移送されたナポレオンの柩の行列だった。ナポレオンは「凱旋」したのである。

4. ナポレオンとヒトラー

アンヴァリッドのナポレオン

パリ七区、一部が軍事博物館になっているアンヴァリッド（廃兵院）には、アクセスが二つある。エッフェル塔を見渡せる広々とした芝生に面する入り口と、反対側のヴォバン広場にあるドーム教会に近い側の入口だ。ドーム教会にあるナポレオンの墓だけを訪れる人も多いので、こちらの方が「観光地」風に華やいでいる。

アンヴァリッドには、「ナポレオンと神」の関係の基礎となる、「国家と神」そして「戦争と神」の関係の変遷がはっきりと表れている。金色に輝く巨大なドームの下を入ると、伝統的な教会建築における地下墳墓《クリプト》の形に従って地下に刳《く》りぬかれているものの、実際は周りにぐるりとめぐらされた二階建ての回廊から眺める巨大な墓標のように柩が鎮座している。緑御影石の台座に置かれた古代風の赤っぽい斑岩の柩は、シンプルな曲線を描く蓋が印象的な四メートル×二メートルの巨大なもので台座を入れると五メートル近くの高さになり、棺と言うよりもそれ自体が墓石モニュメントであるかのようだ。

台座の周りにも円形の大理石が敷き詰められ、ローマ皇帝のシンボル、勝利のシンボルの月桂樹の葉のモティーフが作る輪の中に、マレンゴ、イエナ、アウステルリッツなど一二の戦地の名が記され、それぞれに対応する一二体の「勝利の女神」像が取り囲んでいる。

台座と同じ高さにある回廊の壁側には、ナポレオンの行政上の「勝利」である一二の業績を示す彫刻群があり、懐古的なブロンズの照明に照らされてまさに神殿の趣がある。業績は「内閣府の設置」やナポレオン法典として有名な「民法の制定」などで、いずれの場面も、頭上に月桂冠を戴きローマ風のケープで片方の肩を覆う上半身裸の勇ましい姿のナポレオンを中心にした群像からなっている。地下に当たるこの回廊からは、一二のナポレオン像や柩を見上げる格好になるが、上層の回廊からは巨大な柩を見下ろす格好になる。振り返ると、うねるような黒大理石の柱に支えられた金色の装飾がまばゆいバロック風の祭壇があり、十字架のイエス・キリストが掲げられている紛うことのないカトリック教会が見えるのに、吹き抜けの「地下墳墓《クリプト》」からは古代の王の墓所から発せられたかのような悠久で原初的な力が立ち上るようだ。

アンヴァリッドは、絶対王朝のフランスに栄光をもたらしたブルボン朝のルイ一四世が傷病兵を収容看護する施設として、一六七一年に企画された建築だった。通常兵器としての砲弾の性能が向上した一六世紀以来、戦場での犠牲者数は飛躍的に多くなり、「王のため」に障碍者となった兵が物乞いの境遇に堕ちることも珍しくなかった。一七世紀フランスにおける病院や養護施設はカトリック教会の社会活動に支えられていたが、担当の教区が細分化していることから傷病兵をまとめることが困難だった。アンヴァリッドには付属の大聖堂が設けられ、兵士のための特別教区の司教聖座《カテドラル》という格式が与えられた。同時にアンヴァリッドは病院としての機能だけではなく、兵士たちの「修道院」とでもいうべき霊的な役割を担うことになった。付属の大聖堂ではいつの時間でも兵士たちが「聖体《ホスチア》」（聖別された無酵母パン）の前に額ずく姿が見られたという。

アンヴァリッドは今も退役軍人の養護施設として機能している。ルイ一四世時代の将軍たちだけでなく第一次大戦や第二次大戦の将軍の墓所にもなっていることから分かるように、フランス革命、ナポレオン帝国、王政復古、第二帝政から今の共和国に至るまで、政治体制が変わってもアンヴァリッ

アンヴァリッドの祭壇

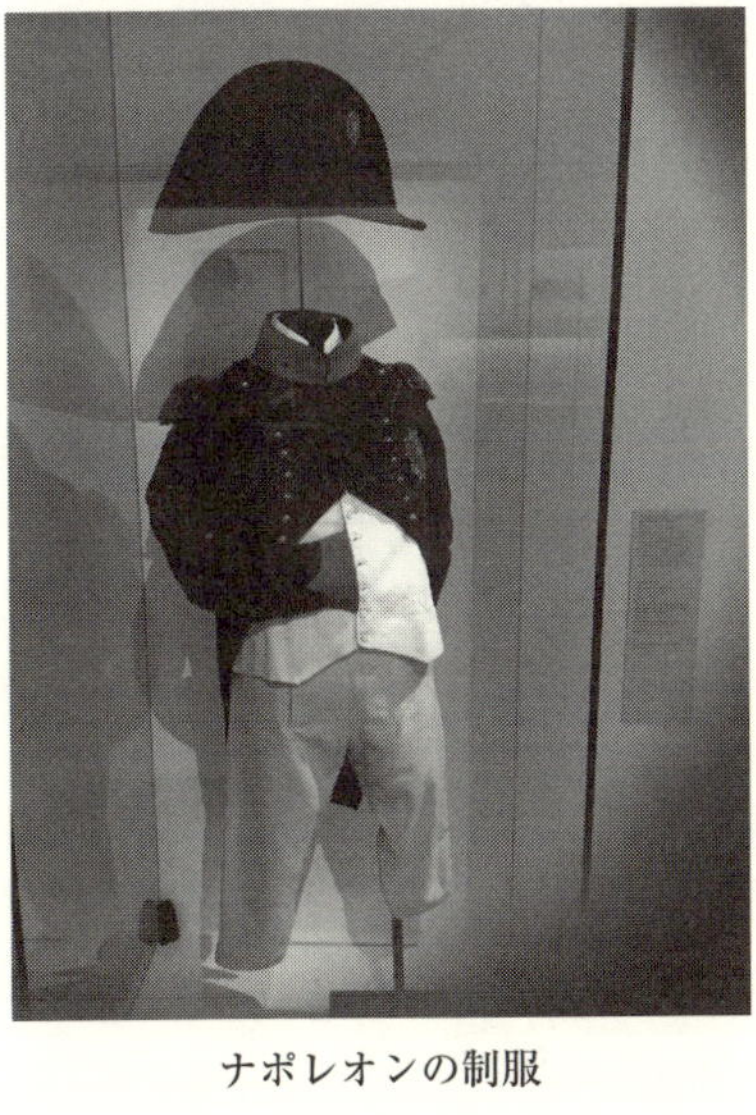

ナポレオンの制服

ドは兵士たちに向けるフランスの視線からなるひとつの流れをせき止めずに残った。

歴代のフランス王の墓所であるサンドニ大聖堂は革命時に襲撃、蹂躙され、ナポレオンは王朝ではなく共和国の英雄を祀るパンテオンを造った。ナポレオンの遺体がアンヴァリッドに安置される前には、サンドニ大聖堂の王たちの墓所に納めようという動きもあった。結果としてナポレオンがフランスの「軍事力」のシンボルとしてアンヴァリッドに永住の地を得たことは、政教分離を国是とした後のフランスという国家の「力」に「聖性」を与えることに寄与した。そのことに最も敏感に反応したのは、一世紀以上後に、ナポレオンのようにヨーロッパの征服を野望したドイツのアドルフ・ヒトラーに他ならない。

ヒトラーの訪問

一九四〇年六月二二日、フランスはドイツとの休戦協定に調印した。それが有効になる夜零時が過ぎてからヒトラーはベルギーにあった総統司令部から飛行場に向かい、パリへと飛び立った。パリは常にヒトラーを魅了してきた都市だった。自らも画家としてパリで修業することを憧れ、芸術の模範、運命の地としてのパリを訪れたいという燃えるような願望を抱いていたヒトラーが、初めてパリに足を踏み入れることができるのだ。ヒトラーは勝利者として凱旋門の下を軍隊の先頭に立って行進することを望まず、パリに留学したことのある芸術家を伴ってひっそりとパリに赴き、その威光が放つ力を実感したかった（アルノ・ブレーカー『パリとヒトラーと私』（中央公論新社））。

早朝、ブルジェ空港から車でパリに入り、人気のないオペラ座に入ったヒトラーはくるぶしまで届

ナポレオン法典の像

回廊から見られたナポレオンの柩

く革のコートをまとい、「世界で最も美しい劇場！」と叫ぶように言った。次に、ナポレオンが兵士の栄光を顕彰するために造ったマドレーヌ寺院、凱旋門、シャンゼリゼを経て、先端が霧の中に隠れているエッフェル塔を見晴らすトロカデロ広場で車を降り、広場の着想が天才的であると評した。次に降りたのがアンヴァリッドだった。ナポレオンの墓を取り囲む白大理石の手すりの前で、ヒトラーは制帽を脱いで胸に当てて一礼した。ずっしりと重い威圧的な静寂が随行者を包んだ。

モザイクで書かれたヒトラーの遠征地の名が浮かび上がる大理石の床の中央にある石棺の前で全員が頭《こうべ》を垂れた。ヒトラーがナポレオンについてどうコメントするかを待ち構えていた人々に対して総統が発した言葉は意外なものだった。彼はウィーンに眠るライヒシュタット公爵（ナポレオン二世）の遺骸が父親のそばに安置されるようにパリに移すことを指示したのである。ヒトラーのこの決断はどこから来たのだろう。

父と子

ナポレオン二世は、ナポレオンが愛する妻ジョセフィーヌを無理やりに離縁してまで、ハプスブルグ家のオーストリア皇女マリー＝ルイーズとの間にもうけて「ローマ王」とした息子である。「ローマ王」としたのは一八〇六年にナポレオンの侵攻によって消滅した「神聖ローマ帝国」の継承者を意識したからだ。嘗て、神聖ローマ帝国の選挙侯たちには、皇帝の存命中に次の皇帝を選出することが可能だった。そうして選出された継承者には「ローマ人たちの王」という称号が与えられていた。自らを古代のローマ皇帝に重ねながらそれを超えるフランス帝国の実現を目指したナポレオンは、息子を「ローマ王」とすることで、ローマを正式にフランス帝国第二の都市と認定した。幼い王の権威を根付かせるために、ローマ帝国をイメージする多くの肖像画が描かれメダルが鋳造された。

チュイルリー宮殿で生まれた息子のためにナポレオンが造らせた特製のガラガラが今も伝えられているが、それを見ていると、ローマ王の権威称揚のためにしつらえられたどんな立派な肖像画や紋章、装飾品よりも、幼い息子に向けた父親としての並々ならぬ思いが伝わってくる。先端の珊瑚が乳首型のおしゃぶりになっていて真ん中にはローマ王の金の紋章の胴体に二つの鈴、持ち手は笛になっていて先に穴が開いているという凝った作りだ。赤ん坊がどこをどう手で持っても口にくわえても楽しめるマルチ仕様になっているのである。

息子が生まれてからも戦争に明け暮れたナポレオンが実際に息子と親密に過ごせた期間は、延べ一年半ほどしかなかった。それでも、当時の王侯貴族階級の乳幼児が親から離れて乳母や教育係のもとでのみ養育されるのが普通だったことに比べると、ナポレオンが息子に注いだ愛情の真実は、精巧な美しいガラガラからはっきりと伝わってくる。

この息子のためにナポレオンは神になろうとした。「父と子と聖霊の三位一体」のキリスト教の神のように、「父」の継承者である息子を同時に神にするために「権力」と「権威」を付与したのだ。ナポレオンが最初に失脚した一八一四年、三歳のローマ王は母と共にオーストリアに連れ去られていた。退位を迫られた時ナポレオンは息子を皇帝にする条件を拒否されたが、妻子をエルバ島に呼びよせることは自分から拒否した。エルバ島は「終の棲家」ではなかったからだ。

エルバ島にも持参した「ローマ王」の胸像は、持ち帰られて百日天下の間エリゼ宮に飾られ、さらにセント・ヘレナ島にも持参された。赤ん坊のローマ王が赤い靴を履こうとしている絵や羊の背に乗っている絵、軍神《マルス》の帽子を被っているタペストリーなどが孤島のナポレオンを慰めた。ナポレオン二世が生きているということが彼の希望の灯であり、セント・ヘレナ島で彼が自ら「製造」にとりかかった「神話」は、息子に「父なる神」の姿を残すためのものだった。

ナポレオン二世

ナポレオン二世は、三歳で母と共にウィーンに戻ってからは母とも離れてほとんど監禁されオーストリア人としての教育を受けて過ごした。フランスに不在のままに父の「百日天下」の後で一八一五年六月二二日から七月七日の半月の間、名目上のフランス皇帝ナポレオン二世となった。議会はこれを了承したが発布しないまま、ルイ一八世がパリに戻った後で廃位となった。母のマリア・ルイーズがパルマ公国の統治の名目でウィーンを去った後、パルマ公としてウィーンに残された少年は、やがて祖父であるオーストリア皇帝フランツ一世によって一八一八年にライヒシュタット公爵（ライヒシュタットはボヘミアの都市）の称号をあてがわれて、フランス人としてのアイデンティティを奪われて育った。宮廷内ではファースト・ネームである「ナポレオン」の名は使われず、二番目の名である「フランソワ」のドイツ語読みであり祖父と同名の「フランツ」と呼ばれた。

ところが、実はフランツ一世の宮廷にもボナパルティストがいた。一八〇六年にナポレオンによって初代のバイエルン王とされた親仏派のマクシミリアン一世の娘は、ジョセフィーヌの息子でナポレオンの養子となり将軍になったウジェーヌ・ド・ボアルネと結婚していた。その妹で後にオーストリア皇帝フランツ・ヨーゼフの母となるゾフィは年の近いナポレオン二世と親密になった。青年になってからフランス語の文献を読み始め、父の言葉である『セント・ヘレナの回想』にも耽溺し、軍人のキャリアを歩み始める。各地でナポレオンの「大陸軍」のベテランに迎えられ、ボナパルティストたちからベルギー王やポーランド王になることを期待された。けれども、父の死から一一年を経た一八三二年七月二二日、結核のため二一歳で夭逝した。飼いならしたツグミを手にしながら、オーステルリッツの勝利の後で父のナポレオンが使った同じ寝室でゾフィに見守られて息を引き取った。ナポレオンの甥である後のナポレオン三世は、その年にゾフィが生んだ次男（後のメキシコ王マクシミリアン）がナポレオン二世の息子だと信じていたと伝えられる。

ナポレオン二世のまだ若い心臓はハプスブルク家の人々の心臓が並ぶアウグスチナー聖堂の地下墓所《クリプト》に安置されるために摘出されて、酒精入りの壺に入れられた。シュテファン大聖堂の地下墓所《クリプト》に納められる他の内臓は金属製の箱に密閉された。

遺体はナッサウ歩兵部隊の大佐の白い制服を着せられ、黒い布の上に置かれた赤いビロードの内貼りをした柩に寝かされて公開された後、日が落ちてから騎馬部隊の士官に守られながらホーフブルク宮殿のチャペルに運ばれて通夜が行われた。内臓が入った容器のそばに武器が置かれた棺台の前で多くの人が列をなした。七月二七日、大公用の赤と金の棺台に乗せられた柩が、カプツィーナー教会の地下の帝室墓所《カイザーグルフト》に安置された。柩の上には先が三つ葉になっている十字架で装飾された銅板にラテン語で名が記された。柩の中の遺体が、フランス皇帝ナポレオンの息子で、出生時にローマ王の称号を持っていたということに言及したオーストリアで唯一の公式記録である。

その死から一世紀以上の年月が経過した。一九世紀初めにナポレオン軍に譲歩せざるを得なかったオーストリア帝国は、一九三八年三月、ヒトラーによってドイツに併合された。ドイツ系オーストリア人として生まれたヒトラーは、ハプスブルク家を憎悪し大ドイツ主義を唱えてドイツに帰化していた。その彼が、ナチス党を率いる独裁政権の指導者《ヒューラー》となって、領土を拡大していったのだ。ヒトラーにとってナポレオンはシャルルマーニュ以来最大の「ヨーロッパ」を統合した英雄であり、ドイツでは、一九三〇年代にはゲッペルスの企画によるナポレオンの映画も上映されていた。ナポレオンがハプスブルク家に跡継ぎを奪われた無念の筋書きも、ヒトラーの共感をそそるものだった。

一九三九年九月英仏の宣戦布告によって第二次大戦がはじまり、ヒトラーの侵攻を防げられなかったフランスは休戦を申し入れた。それが一九四〇年六月二二日の休戦協定であり、次の日の未明にパリ視察に向かったヒトラーにアンヴァリッドでのナポレオンの柩との対面につながった。ヒトラーにとって、ナポレオン二世の眠るべき場所はハプスブルク家の墓所ではなかった。ヒトラーはナポレオン二世の柩をアンヴァリッドに移送することを決定した。それから半年足らず後の一二月一五日、棺はフランスに戻ってきた。

父の帰還と子の帰還

この日付は、一〇〇年前の一八四〇年にナポレオンの柩がセント・ヘレナ島からパリに戻り葬儀が行われたのと同じ日である。

一〇〇年前のパリはマイナス一〇度という寒さだった。ユゴーは「凍り付いた空！ 清冽な太陽！

帝国の松明が掲げられた輝かしい葬儀！　墓のように冷たい栄光の晴天のもと、人々が君を永久に記憶にとどめるように」と書き残している。

その日、パリの西郊ヌイィーの端からアンヴァリッドまで、人々は好奇心と敬意の混じった目で、豪勢だがにわか作りの金色の台車が引かれて行くのを見守った。三ヵ所から礼砲が轟いた。葉を落としたシャンゼリゼの並木を背景に金色の山のようなものがゆっくりと動き、松明から煙が昇り続けるようにそこから人々の歓呼の声が連なってきた。太鼓が先導し、トランペットが単調な葬送曲を吹奏し、五〇〇人の海兵隊が続いた。群衆の中から『ラ・マルセイエーズ』が聞こえたがすぐにかき消された。葬列は午後一時半頃にアンヴァリッドに到着し、正門に進んだのは二時ごろ、王や政府の首脳は教会の中にいた。ジョワンヴィル公が剣を床に下げて敬礼し、王に「皇帝ナポレオンの遺体であります」と言い、王は「フランスの名において受け取る」と答えた。

その後、地下墓所の安置所が完成するまでに二〇年間ナポレオンの柩はチャペルに安置され、ルイ＝フィリップ王が二月革命によって廃位し、第二共和制から第二帝政へと政局は激烈に変化したのだ。父の帰還から一世紀が経った一九四〇年の一二月一五日も、一〇〇年前と同じ寒い日だった。ドイツの占領下のパリはひっそりと静まりかえっていた。コルシカで生まれ太平洋の孤島で一〇〇年前に死んだ父の遺体が水路を西からやってきたパリに、パリで生まれてウィーンで死んだ息子の遺体が東から鉄道でやってきた。

零時、雪まじりの冷たい小雨が降る東駅に着いた列車の重い金属の扉が開かれた。二四人のドイツ士官がブロンズの柩を抱えて降ろし、フランス人の見つめる中で、トラクターに繋がれた砲台の上に乗せられた。ストラスブール大通りからセバストポール大通りを経て、セーヌ河の岸辺に辿り着いた一隊は、深夜の一時半にアンヴァリッドに到着した。ペタン元帥軍の将軍たちとプレスが待ち構えていた。劇作家のサーシャ・ギトリィや、後に対独協力者としてスペインに亡命する作家のアベル・ボナールも遠くから見ていた。ドーム教会の前にうっすら積もっていた雪が風で吹き飛ばされ、二列の松明の火が揺らいだ。

柩を入り口に置いたドイツ兵たちがさがり、フランスのダルラン提督がドイツ人の大使オットー・アベッツ（夫人はフランス人）に感謝の辞を述べ、フランス兵たちが柩を祭壇へと運んだ。ナポレオンの紋章のひとつである金のミツバチが散らされた紫の絨毯が敷かれた階段の上に置かれた柩は、大きな三色旗で覆われた（この時期には、占領下のフランスで三色旗を掲げることはまだ許されていなかった）。オルガンの音が響き、最初の儀式が終わったのは二時であった。

夜が明けてから、パリ大司教のシュアール枢機卿によってミサが挙行され、フランス人作曲家フォーレのレクイエムが演奏された。聖堂の扉は日没まで開かれ、一般人が列をなした。

英雄か独裁者か

カトリックの聖堂とその地下墓所というロケーションは、ドイツやフランスという国境を越えるヨーロッパの共通ベースである。最初にヨーロッパを統合したシャルルマーニュが神聖ローマ皇帝とされ、各地に教会、修道院、学校を設立した。カトリック教会という共通のインフラがあるからこそ、レジスタンスのネットワークが形成されつつある占領下のフランスでの外交的セレモニーとしての「ナポレオン二世」の「返還」が可能になったのだ。その心臓がハプスブルク家の伝統に従ってウィーンの聖堂に残されたことも問題とされないですむし、返還の儀式がいかに政治的なものであろうとも、「神の家」としての教会はすべての人々に開かれているのだから広く堂々と見せつけることができたのである。

ヒトラーがナポレオンを敬っていたのは、民法の制定といった業績の故ではなく軍事力であったろうが、ナポレオンの「独裁」そのものを目標にしていたという説も根強い。特に、二一世紀に入ってからはスペインから発したナポレオン糾弾の機運が盛り上がった。スペインの独立戦争は、兄をスペイン王にしようとしたナポレオンに対抗して起こった。ナポレオン軍によってスペインが占領された時の光景を描いたゴヤの有名な絵『マドリード、一八〇八年五月三日』は大きなインパクトを残した。ナポレオンがハイチとグアダループで黒人殺害のガス室を作ったことが、ヒトラーのユダヤ人虐殺にヒントを与えたのだという説も登場した。実際、フランス革命が一七九四年に奴隷制を廃止した後で、ナポレオンは一八〇二年に奴隷制を再開し、それに反対した黒人をサン・ドミンゴ（今のハイチ共和国）で一八〇二年から三年にかけて処刑した。一二歳以上の数万人が二酸化硫黄の吸飲死や溺死、犬に襲われるなどして命を落としたと言われる。異人種間での結婚を禁止するなど、自らの制定した民法の精神から外れた政策がとられたことは事実だ。

ナポレオンをヒトラーの先駆者やモデルという意味での「独裁者」と見なすのは明らかに時代錯誤《アナクロニズム》があるのだが、このような空気の中で、ナポレオンをフランスの英雄として語ることが「政治的公正」に反するのではないかという空気も一部で生まれた。一方で、二〇〇三年のアメリカによるイラク進攻に最後まで反対を唱えた当時のドミニク・ド・ヴィルパン外相のように、ナポレオンの長大な伝記を出版するほどに敬愛を隠さない政治家もいる。

ナポレオンへの愛憎や評価における二律背反は、キリスト教をベースにして生まれたヨーロッパ文化圏がポストモダンの時代に見せる「神」への愛憎と軌を一にしているのだ。

それでも、二〇一五年一一月のパリ無差別テロの犠牲者の追悼式は、社会党の大統領主導でアンヴァリッドにおいて挙行された。親子の鷲が眠る金色のドームには今日も世界中から観光客がやってくる。

5. ナポレオンと日本人

イギリスは民主主義の発祥地でアメリカは誰にでもチャンスがあるフロンティア精神の本場であると言われてきた。けれども、国王と王妃を処刑し聖職者を追放したフランス革命後に大きな法治国家をデザインしなおしたナポレオンは、真の意味での「近代国家」の創始者だった。ナポレオンは当時その産業資本力によって世界の覇権を握るようになっていたヨーロッパの「秩序」を転覆させ掻きまわしたことで、世界中に激震を与えた。

「鎖国」中であった日本もその例外ではない。江戸後期の医師で蘭学者の小関三英はアムステルダムで一八〇三年に出版されたリンデンの『ナポレオンの生涯』を『那波列翁勃納把爾的伝《なぽれおんぼなぱるてでん》』として翻訳し、写本で早くから流布していた。後に諸写本をまとめたものが訳者の死後一八年経った一八五七年に菊池槿郷の「波利稔王像」(ナポレオン肖像)と頼山陽の「仏郎王歌」と共に木版で刊行された。オランダがフランスの衛星国になっていた時代のものであるから当然「軍神」としてのナポレオンが印象づけられた。

幕末に駐日公使となったレオン・ロッシュが一八六七年のパリ万博に日本を招聘し、フランス軍事顧問団によって幕府にフランス風の近代陸軍を養成したことは有名だが、ヨーロッパの「軍神」ナポレオンの知名度がすでに高かったことをうかがわせる。欧米の軍事技術と制度を学ぶだけではなく、幕末の倒幕運動の中でも、フランス革命からナポレオンの登場と没落までの歴史の研究は重要だと思われ、ナポレオンの評伝が研究された。

幕府は無血革命により崩壊したが、明治維新後も維新政府は軍事力の増強のために軍人を諸外国に送った。後に日露戦争において満州の地でロシアの騎馬軍団を破った秋山好古は、革命の百周年記念を前に万博を開催し西洋近代の先端を行くフランスへ一八八七年に留学した。ナポレオンが創立したサン・シール陸軍士官学校を経てノルマンディの騎兵隊で一年勤務した。さらに清国駐屯の軍司令官となりナポレオンの制定したレジオン・ドヌール勲章を付与された。

この時代のフランスは普仏戦争に敗れパリ・コミューンの内戦を経て第三共和国に移行した時期で、「フランス革命」をあらためてフランスのアイデンティティとして採用し、ナポレオンを統合と力のシンボルと位置づけてプロパガンダを展開していた。植民地拡大政策をとって、アフリカやマダガスカル、東南アジアへと保護領や領地を広げていった。それが日本の帝国主義を刺激したことは大いに考えられる。ナポレオンについての二〇以上の著作を持つ歴史家のジャン・チュラールは、日本の帝国主義とナポレオンの帝国主義の相似、征服者は「島」からやってくるという説を紹介している。司馬遼太郎は『菜の花の沖』の中で、ナポレオンと同じ歳で淡路島生まれの商人高田屋嘉兵衛がナポレオンのモスクワ侵攻と同じ一八一二年に領海トラブルをめぐってロシアと和平交渉を行っていたことで「両人とも島の出身だった」と比較した。

フランスから帰国した秋山好古は、陸軍士官学校で騎兵隊を育て、少将として日露戦争に参加して活躍した。その弟の秋山真之はアメリカに留学して、兵学校でパンくずをこねてナポレオン頭像を作ったという逸話を残し、兄と同じ日露戦争の日本海海戦の主参謀として戦功を立てた。同じ日露戦争の旅順港閉塞作戦で戦死した広瀬武夫は一八九七年にロシアに留学していた。ロシアでクレムリンの丘に立った広瀬武夫は宮殿と教会を見つめて「モスクワの上にはクレムリンしかない。クレムリンの上には天しかない」というロシアの「聖地」で皇帝の権力が宗教的に神聖なものにされたことを実感した。皇帝広場の西にあるイワン大帝の鐘楼に上って、一八一二年の九月に将軍たちを連れてそこに上ったナポレオンに思いをはせた。ナポレオンが一時住んでいた大宮殿を訪れ、ナポレオンがモスクワを見下ろした展望台にも立った。

そのような描写を『ロシヤにおける広瀬武夫』で展開したのは日本の比較文学の祖である島田謹二だ。彼は『アメリカにおける秋山真之』も著している。一九七八年、国際交流基金によりパリ大学で講義した島田謹二は、日本海海戦の模様を熱弁して受講者を驚かせた。ナポレオンを愛し、フォンテーヌブローの「別れのディスクール」の階段の前で声を震わせ、ワーテルローでは戦場の跡を前にして黙想した。一九〇一年生まれの島田謹二が生まれて育った時代は、日露戦争の英雄たちの武勇が、その後の日本の軍国主義の流れの中で語り継がれ、そこにはナポレオンの雄姿が輝いていたのだろう。

島田謹二と同じ一九〇一年生まれの昭和天皇も、箕作元八の『ナポレオン時代史』や『仏蘭西大革命史』を熱心に読んだという。王を倒したフランス革命は脅威であったが、中央に遠い島からやってきてヨーロッパの王たちを制覇したナポレオンの姿と戦術は、西洋諸国に伍すべき日本を鼓舞するものだった。帝国軍の統帥者でもあった昭和天皇の書斎にはナポレオンの胸像が飾られていたという。

日露戦争で戦死した広瀬武夫は、満州事変後の一九三五年に故郷の大分県竹田市で近代の「軍神」第一号として広瀬神社の「主祭神」となった。大日本帝国憲法第三条に「天皇ハ神聖ニシテ侵スヘカラス」と定められた「現人神」昭和天皇は敗戦後「神格」を放棄した。ローマの軍神マルスに喩えられたナポレオンは、「戦功」の浮き沈みを超えて、ヨーロッパの絶対王朝と共有していた「キリスト教の神」を自分仕様に再構築した。流刑地のセント・ヘレナ島をキリスト教が内包する両義性の着地点とするのに成功した。無抵抗で処刑されたイエス・キリストの復活と普遍主義志向というキリスト教の持つ矛盾に対するヨーロッパ一千年の葛藤の歴史を抜きにしては、ナポレオンのたどった「王道」を理解することは難しい。

主要文献一覧

一．ナポレオンのエルバ島脱出からワーテルローでの大敗とセント・ヘレナ島への流刑から二百年記念に当たる二〇一五年前後に、フランスでは実にさまざまな貴重な記録や物品が復刻され、修復され、公開され、展示された。国立文書館や国立図書館のデータはほぼすべてインターネットを通して入手できるし、アシェット社がブックレットとして復刻した一八二一年の死の記録は臨場感にあふれるものだった。

ここでは次の二点のみを挙げる。

J.B. Berton <Lettre à M.Mounier,directeur général de la police, sur la mort de Napoléon>(Ed.1821),

J.-A.-S. Collin de Plancy,<La Mort de Napoléon>(Ed.1821).

二．各種の展示会のカタログには書下ろしの有用な論文を含む多くの図版が載せられている。

ここでは次の三点を特に挙げる。

カルナヴァレ美術館の「ナポレオンとパリ―ある首都の夢想」展カタログ
NAPOLEON ET PARIS—REVES D'UNE CAPITAL. / Musée Carnavale

軍事博物館（アンヴァリッド）の「セント・ヘレナのナポレオン――記憶の征服」展カタログ
NAPOLEON A SAINTE HELENE—LA CONQUETE DE LA MEMOIRE / Gallimart, Musée de l'Armée.

フォンテーヌブロー城の「ピウス七世対ナポレオン――鷲の牢獄の中の三重冠」展カタログ
Pie VII face à Napoléon—La tiacre dans les serres de l'Aigle / Château de Fontainebleau.

三、以下は各章において直接引用、利用した文献だけを挙げる。

第1部

3
http://dep-lettres.univ-pau.fr/live/digitalAssets/95/95837_La_bibliotheque_du_vatican.pdf

4
(*Journal inédit de Sainte Hélène, de 1815 à 1818* [Gal Baron Gourgaud],. 1847)

Robert Anchel, *Napoléon et les Juifs*, Paris, PUF, 1928. - Le Grand Sanhédrin de Napoléon, sous la direction de Bernhard Blumenkranz et Albert Soboul, Toulouse, Privat, 1979.

Articles de Pierre Lautmann sur les soldats et officiers des armées de la Révolution et de l'Empire parus dans le Bulletin du Cercle de généalogie juive (années 2002 et 2003).

第2部

1

J.-O. BOUDON « L’état religieux de la France à la veille de la signature du Concordat »Revue du Souvenir Napoléonien,No432, 2001/1

《Mémoires de l'abbé Grégoire》 Éd. de la Santé

A.Aulard, 《l'État de la France en l'an VIII et en l'an IX》, Société de l'Histoire de la Révolution française, 1897,

J. Godel,La reconstruction concordataire dans le diocèse de Grenoble après la Révolution（1802-1809）,《Mémoires de M. de Bourrienne, ministre d'État, sur Napoléon, le Directoire, le supérieure générale au XIXe siècle》Cerf

第3部

2

M.Hussein « Versant Sud de la liberté. Essai sur l'émergence de l'individu dans le tiers monde »ed. La Découverte

3

Traité du calcul intégral, pour servir de suite à l'Analyse des infiniment-petits de M. le marquis de l'Hôpital, Paris, H. L. Guérin & L. F. Delatour, 2 vol., 1754-1756 Lire en ligne 1 2

Voyage autour du monde par la frégate du Roi La Boudeuse et la flute l'Étoile en 1766, 1767, 1768, et 1769 (1 volume, 1771 et 2 volumes, 1772)

Essai historique sur les navigations anciennes et modernes dans les hautes latitudes septentrionales. (Comptes rendus de l'Académie des Sciences), 1798 (An VI)

Notice historique sur les sauvages de l'Amérique septentrionale.（Comptes rendus de l'Académie des Sciences）.

Léon Bloy “L'Ame de Napoléon” Gallimard

レオン・ブロワの『ナポレオンの魂』は特殊なバイアスのかかったものではあるが、この本のテーマに重なる本質的なものを含んでいるので引用している。

四．フィクションとして非常に興味深かったもの二点。

Paul Claudel L'Otage,<L'Otage> Ed. de Michel Lioure /folio THEATRE.

Jean d'Ormesson <La Conversation > Ed.Héloïse D'Ormesson.

五．基礎文献の他の最近の関連書で気に入ったもの二点。

J.-M.Rouart<Napoléon ou La Destinée> Gallimard

Jean Tulard<Napoléon ou le Mythe du Sauveur,< Poche, collection>.Pluriel.

他に膨大な基礎文献が出ているが検索は容易いと思うのでここでは省略する。

ナポレオン　略年表

1769年8月15日
フランス領コルシカ島に、ナポレオン・ボナパルト生まれる。

1784―85
ナポレオン、パリ士官学校。

1789
フランス革命勃発。封建制の廃止。人権宣言。

1792
ナポレオン、コルシカ内戦に参加の後、フランスに戻る。

1793
ルイ一六世処刑。恐怖政治始まる。
ボナパルト家はフランス本国に亡命。

1794
テルミドール事件。

1796
ナポレオン、ジョゼフィーヌと結婚。第一次イタリア遠征。

1798
エジプト遠征。

1799
ブリュメール18日のクーデタ。ナポレオン、政権を掌握。

1800
第二次イタリア遠征。アルプス越えの成功。

1801
教皇庁との和解交渉成功。コンコルダ締結。

1802
ヨーロッパで全面和平。
ナポレオン、任期を定めない終身統領に。

1804
ナポレオン法典（民法典）。
ナポレオン皇帝に即位。フランス帝国発足。

1805
ハプスブルク帝国との戦いで、大陸軍はアウステルリッツで大勝。
フランスとスペインの連合艦隊、トラファルガーでネルソンのイギリス艦隊に撃滅される。

1806
ベルリン勅令（大陸封鎖令）。

1809
教皇ピウス七世、ナポレオンを破門。フランス官憲により、ピウス七世は幽閉される。

1810
ナポレオン、ハプスブルク家のマリ・ルイーズ大公女と結婚。

1811
新皇后、男子出産（ナポレオン二世）。

1812
ナポレオン、モスクワ攻略するも冬将軍の到来で撤退。

1814

対仏同盟軍がフランスに進攻。パリ陥落。
ナポレオン、皇帝を退位。エルバ島へ。
ルイ一八世パリに帰還。第一次王政復古。

1815
ナポレオン、エルバ島を脱出、パリへ。
ワーテルローで惨敗し、「百日天下」。二度目の退位に応ずる。
南大西洋の孤島セント・ヘレナに流刑。
第二次王政復古。

1821
セント・ヘレナ島でナポレオン死亡。

1830
七月革命。ルイ＝フィリップ即位（七月王政の開始）。

1840
ルイ＝フィリップ、ナポレオンの遺骸を、セント・ヘレナ島からパリのアンヴァリッドへ改葬させる。

1848
第二共和政の成立。ルイ＝ナポレオン大統領に。

1852
ルイ＝ナポレオン、皇帝に即位。第二帝政。

1855
第一回パリ万国博覧会。

1871
パリ・コミューン。

おわりに

一七七八年一二月、地中海にあるコルシカ島のアジャクシオから大陸へ向かう小舟の中から始まった九歳の少年ナポレオンの航海は、三七年後に大西洋の孤島セント・ヘレナに向かう英軍艦ノーサンバーランド号の甲板に佇む失意の皇帝ナポレオンの航海で幕を閉じた。

ナポレオンは同時代の名もない民衆や兵士から貴族や知識人たちの心までとらえた。

バルザックが「彼が剣で始めたものを私はペンで終えるだろう」と書いたとおり、ナポレオンは「何か」を目指して憑かれたように突き進んだ。ナポレオンというと「戦争の天才」のイメージがあるが、彼が兵を率いた戦争の多くは、決して心から望んだものではなかった。カントの『永遠の平和のために』が現れた啓蒙の世紀に生きて、科学にも文化にも宗教にも教養があったナポレオンが実現したいと本当に望んでいたものは、戦争のない法治社会だった。フランス革命の目指した自由・平等・同胞愛の普遍主義が、近隣各国の権益争いや革命内部における利害の衝突や新社会を構築する力の未熟さによって潰えたように、ナポレオンの「平和」も手の届かないかなたに去っていった。

ナポレオンの生きたヨーロッパは近代世界の縮図だった。ナポレオンの死から二百年近く経った今も、グローバル化した社会における価値の衝突や覇権主義や排外主義の様相は変わらず、より錯綜している。人々が英雄の出現を待望したり「聖なるもの」を求める心性も変わらない。

ナポレオンはそんな英雄や聖なるものの一つのモデルとして、今も人々を魅了し続ける。

何度も繰り返されて撮られたナポレオン映画の嚆矢となった一九二七年のアベル・ガンスの『ナポレオン』で主演したアルベール・デュードネは、生前の望み通りナポレオンのコスチュームをつけて埋葬された。一度でもナポレオンを演じた者、ナポレオンに自分を重ねた者は、ナポレオンから逃れることはできない。

「私は眠り込んだ兵士たちの夢を使って私の戦いのプランをたてる。」とナポレオンは言った。

ナポレオンは人々が気づかないで見ている夢を引き出して、決して長くなかった一生を紡いだのだ。

人生という戦場で、生き方、生き延び方、勝ち方、負け方、そして死に方について考えているすべての人に向けてこの本は書かれた。

同行者となってくださった青土社の西館一郎さんに感謝を込めて。

ナポレオンと神

2016年11月15日　第1刷印刷
2016年11月30日　第1刷発行

著者——竹下節子

発行人——清水一人
発行所——青土社
東京都千代田区神田神保町1－29　市瀬ビル　〒101－0051
電話　03－3291－9831（編集）、03－3294－7829（営業）
振替　00190－7－192955

印刷・製本——シナノ

装幀——中島かほる

ISBN978－4－7917－6949－0　Printed in Japan

A Chloé.

Nous naissons, nous vivons, nous mourons au milieu du merveilleux. N.

竹下節子　公式ホームページ

http://setukotakeshita.com/